청춘들을
사랑한 장군

청춘들을 사랑한 장군

개정판 1쇄 발행 2023년 5월 1일

지 은 이 임관빈
발 행 인 권선복
편   집 김병민
디 자 인 최새롬
전 자 책 천훈민
마 케 팅 권보송
발 행 처 도서출판 행복에너지
출판등록 제315-2011-000035호
주   소 (07679) 서울특별시 강서구 화곡로 232
전   화 0505-613-6133
팩   스 0303-0799-1560
홈페이지 www.happybook.or.kr
이 메 일 ksbdata@daum.net

값 17,000원
ISBN 979-11-92486-71-0 03190

도서출판 행복에너지는 독자 여러분의 아이디어와 원고 투고를 기다립니다.
책으로 만들기를 원하는 콘텐츠가 있으신 분은 이메일이나 홈페이지를 통해 간단한 기획서와
기획의도, 연락처 등을 보내주십시오. 행복에너지의 문은 언제나 활짝 열려 있습니다.

20-30들의 성공과 행복을 위하여
사랑으로 쓴 10가지 인생조언

청춘들을
사랑한 장군

임관빈 지음

도서
출판 행복에너지

그래도 꿈과 희망을 잃으면 안 된다

나는 20-30 청춘들을 사랑한다.
그들은 나와 생사고락을 함께했던 전우였고,
지금은 우리 사회에 희망과 새 힘을 불어넣는 새내기들이며,
장차 이 나라와 세계를 이끌어갈 미래의 주인공이기 때문이다.

나는 임관 이후 38년간의 군 생활 동안
소대장으로부터 군단장까지 지휘관을 하면서,
양 어깨에 달려 있는 지휘관 견장을 볼 때마다,
한쪽은 나라를 지키는 임무를 잘 수행하라는 것이고,
또 한쪽은 국민들의 귀한 아들딸을 잘 돌보라는 것이라 생각했다.
그리고 사랑하는 나의 청춘 전우들이 자랑스럽게 군복무를 마치고 사회로 돌아갈 때는, 큰 꿈을 가지고 꼭 성공하는 삶을 살기를 간절한 마음으로 기원하였다.

그런데 요즈음 우리 사회의 젊은이들이 취업 걱정, 주택 마련과 육아 걱정, 그리고 어두운 앞날에 대한 걱정이 너무 커서, 때로는 결

혼하고 아이 낳아 기르는 소박한 꿈마저도 포기해야 한다고 한다. 아버지 세대로서 참으로 미안하고 마음이 아프다.

나는 안타깝게도 이런 사회적 문제를 해결할 능력은 없다. 그러나, 사람은 하늘이 무너지는 시련 속에서도 기어이 솟아날 구멍을 찾아 낼 줄 아는 존재임을 나는 굳게 믿는다.

그래서 나는 내 아들딸 같은 이 시대의 청춘들이, 그래도 꿈과 희망을 잃지 말고 힘차게 도전하여, 한 번뿐인 소중한 삶을 성공과 행복으로 가득 가득 채우기를 바란다.
이 책은 그런 젊은이들에게 작은 지혜와 용기라도 보태 주고 싶은 마음에서 쓴 책이다.

나는 부족함이 많은 사람이다. 그러니 훌륭하게 인생을 살았던 다른 사람들의 이야기도 더 많이 들어서, 여러분의 꿈을 이루는 데 필요한 지혜와 용기를 더 알차게 갖추어 가기를 또한 바란다.

나와 생사고락을 같이했던 전우들에게 이 책을 바치며, 사랑하는 대한민국의 20-30 청춘들이 존경 받는 성공을 이루고, 행복도 놓치지 않는 삶을 살아 가기를 두 손 모아 기도한다.

2023년 개정판을 내며
아버지의 마음으로 임관빈 (예)중장 씀

목차

나는 여러분이 한 번뿐인 인생에서
행복만큼은 절대 놓치지 않기를
진심으로 바란다.

내가 보는
인생

꿈보다 걱정이
많게 해서 미안하다

"청춘! 이는 듣기만 하여도 가슴이 설레는 말이다. 청춘! 너의 두 손을 가슴에 대고 물방아 같은 심장의 고동을 들어보라. 청춘의 피는 끓는다. 끓는 피에 뛰노는 심장은 거선의 기관 같이 힘있다. 이것이다. 인류의 역사를 꾸며 내려온 동력은 바로 이것이다."

이 글은 내가 좋아하는 '청춘 예찬'이라는 수필의 한 구절이다. 청춘이란 원래 이런 것이어야 한다. 우리 세대도 비록 6.25 전쟁의 잿더미 속에서 태어나 어렵게 자랐지만, 그래도 보다 나은 세상에 대한 꿈과 희망이 있었고, 노력만 하면 자신의 꿈을 이룰 수 있었다.

그런데 요즈음 젊은이들에겐 이런 꿈과 희망을 이야기하는 것이 미안할 정도다. 할아버지와 아버지 세대들이 열심히 노력하여 세계

10위권의 경제 강국에 국민소득 4만 불 시대를 만들어 놓았지만, 정작 우리 젊은이들이 일할 자리는 적어졌고, 그래서 삼포세대를 넘어 칠포세대란 말까지 생겨났다. 전쟁터에서도 사랑은 꽃피는 것인데, 오죽하면 20대의 피 끓는 청춘들이 연애까지 포기할까를 생각하니 참으로 미안하고 마음이 아프다.

그래도
꿈과 희망을 잃어선 안 된다

청년 일자리 문제는 무엇보다도 시급히 해결해야 할 사회적 과제다. 그러나 나는 여기서 이런 사회적 문제를 논하려는 것은 아니다. 다만 우리 사회의 젊은이들이, 그리고 나와 생사고락을 같이 하고 사회로 돌아간 청춘 전우들이, 꿈과 희망을 잃지 않고 한 번뿐인 삶을 아름답게 꽃피워야 한다는 것을 이야기하려는 것이다.

젊은이들이 꿈을 이루기 어려워진 것은 사실이지만, 그렇다고 결코 길이 없는 것은 아니다. 단 1%의 가능성만 있더라도 우리에겐 아직 꿈과 희망이 있는 것이며, 우리는 이 희망의 끈을 절대 놓지 말아야 한다.

2015년 5월 16일자 조선일보에는 '7대륙 최고봉 도전하는 시각장애인 모험가 송경태 씨'의 이야기가 실렸다. 송경태 씨는 20대 초반에 불의의 사고로 두 눈을 모두 잃어 여섯 번이나 자살을 시도했었는데, 점자로 공부하고 학교도 다닐 수 있다는 사실을 알고, 새로운 희망으로 도전하여 정말 대학도 가고, 결혼도 하고, 사회사업도 하는 꿈을 이루었다. 그는 사하라 사막 등 세계 4대 극한 마라톤 코스와 남극 대륙을 달리는 총 1,000km의 모든 코스를 완주하여 그랜드슬램을 달성하였으며, 전주시 시의원도 역임하였다. 송경태 씨는 더 이상 시각장애인이 아니라 모험가이고 발 딛는 곳마다 장애인 세계 최초라는 기록을 남기며 당당하게 살아가고 있다.

여러분은 잘할 수 있다

물론 송경태 씨는 평범함을 넘어서는 사람임에 틀림없다. 우리가 송경태 씨의 이런 정신은 마땅히 본받아야 하지만, 송경태 씨같이 극한 마라톤에 도전하지 않는다고 세상을 잘못 사는 것은 아니다. 또 누구나 그렇게 할 수도 없고, 그렇게까지 할 필요도 없을지 모른다.

그럼에도 불구하고, 나는 요즈음 우리 젊은이들에게서 송경태 씨 못지 않은 모습을 많이 본다. 2020년 도쿄에서 열린 올림픽에서 한국 여자 양궁선수들은 단체전 9연패라는 새 역사를 만들었다. 이런 기록이 만들어지기까지 그들이 기울인 노력은 송경태 씨가 기울인 노력에 결코 떨어지지 않는다. 또 BTS처럼 세계 무대를 안방처럼 휘젓고 있는 K-POP 스타들이나, 비빔밥을 들고 세계를 돌아다니는 우리 젊은이들의 열정은, 수출만이 살길이라며 세계시장을 누비고 다닌 할아버지와 아버지 세대들의 열정에 조금도 떨어지지 않는다.

내가 6사단장을 할 때, 우리 군대의 고질적 병폐인 병영문화를 개선하기 위해 '늘 푸른 병영 운동'을 전개한 바 있다. 우리 사단은 다른 부대의 모델이 될 만큼 획기적이고 질적인 변화를 만들어내, 2년 연속으로 '병영문화개선 전군 최우수부대'로 선정되었고, 많은 언론에서까지 이를 높이 평가한 바 있다. 그런데 이런 놀라운 성과를 만들어 낸 주역은, 지휘관도 간부도 아닌 바로 6사단의 병사들이었다. 군대에서는 통상 지휘관과 간부들이 솔선수범하고, 병사들이 따라오게 하는 방식으로 병영문화개선을 추진하는데, 나는 고정관념에 사로잡혀 있는 간부들보다 참신하고 창의적인 병사들이 앞장서도록 했다. 이러한 나의 믿음은 틀리지 않았다.

여러분은 이미 잘하고 있다. 그리고 우리 세대보다 훨씬 더 창의적이고 도전정신도 더 훌륭하다. 그러니 힘들더라도 조금만 더 힘을 내기 바란다. 여러분들에게는 분명 희망이 있고 빛나는 미래가 있다.

어느 책에서 본 글귀 하나가 생각난다. '실패를 두려워하기에 서른은 너무 짧다. 정말 우리가 두려워할 것은 평생 이루지 못한 꿈을 후회하며 사는 것이다.'

내가 지휘관을 할 때, 자랑스럽게 국방의 의무를 다하고 세상으로 나아가는 청춘 전우들에게 했던 말은 "성공해라, 그리고 행복해라." 이다. 우리가 세상을 살면서 이 두 가지를 얻을 수만 있다면 한 번뿐인 인생을 잘 살았다고 할 수 있을 것이다. 그래서 나는 지금도 우리 사회의 모든 젊은이들이 꼭 성공을 이루고, 행복도 절대 놓치지 않는 삶을 살기를 진심으로 바란다.

그럼 왜 우리는 성공하고 행복해야 하는지, 성공과 행복이 인생에서 어떤 의미가 있는지에 대해 먼저 이야기해 보겠다.

성공하는
인생

성공의 의미와 가치

한 번뿐인 인생을 잘 살기 위해서는 우선 성공하는 인생을 살아야 한다고 생각한다. 성공이란 사회적 활동을 통해서 자기가 추구하는 꿈을 실현하는 것을 말한다. 이처럼 성공을 해서 자기의 꿈을 이룰 때 사람은 보람을 느끼고, 인정과 자아실현의 욕구를 구현하게 되는 것이니, 성공을 추구하는 것은 매우 자연스럽고 당연한 일이다.

나아가, 이러한 개인들의 성공 추구는 단순히 개인들의 꿈을 이루는 차원에 머무는 것이 아니라, 이것이 원동력이 되어 나라의 발전도 이루게 되고, 인류의 풍요로움과 문명의 발전도 만들어 내게 되는 것이다. 그리고 내가 꿈을 이루면, 그것이 또 내 뒤에 오는 누군가의 새

로운 꿈이 되는 것이다. 그래서 우리는 반드시 '성공하는 삶'을 추구
해야 한다.

누구나 성공할 수 있는가?

이 질문에 대한 나의 답은 분명하다. '누구나 성공할 수 있다'이다.
성공한 사람들을 보면 공부를 잘해서, 사업을 잘해서, 노래를 잘해
서, 운동을 잘해서, 부모를 잘 만나서, 심지어는 운이 좋아서 등 성공
요소가 참 많다. 그런데 이런 요소들이 성공을 위한 하나의 필요 요
소일지는 모르지만 성공을 보장하기에는 충분하지 않다. 나는 지금
까지 살아오면서 뛰어난 머리나 특별한 재능을 가지고도 그만큼 성
공하지 못한 사람들을 많이 보았고, 좋은 환경을 가지고도 크게 성공
하지 못하거나, 심지어는 부모로부터 물려받은 엄청난 재산을 다 날
려버리는 사례도 수없이 보았다.

그러면 성공을 위한 충분 조건은 무엇인가? 그것은 바로 '생각과
자세'다. 수많은 성공스토리나, 이를 연구하는 학자들이 하는 이야기
를 들어보면, 성공한 사람들이 공통적으로 가졌던 남다른 2%는 '긍
정적 자세', '뜨거운 열정', '불굴의 의지'가 남들보다 높았다는 것이
다. 이러한 생각과 자세가 성공을 만들어 낸 진정한 충분 조건이었던
것이다.

그런데 긍정적 사고는 IQ가 높고 재능이 탁월한 사람만 할 수 있는 것이 아니며, 뜨거운 열정은 CEO나 장군처럼 지위가 높은 사람만이 가지는 특권이 아니다. 또 포기하지 않는 불굴의 의지는 올림픽 선수들만 가질 수 있는 능력이 아니다. 이것들은 누구나 마음만 먹으면 가질 수 있는 것이다.

그래서 나는 누구나 성공할 수 있다고 말하는 것이다. 물론 열심히 했는데 그만큼 결과가 좋지 않고, 세상이 그만큼 알아주지 않는 경우도 있을 수 있다. 그렇다고 미리 포기하고 적당히 살아선 안 된다. 포기하는 순간 모든 가능성은 제로가 되기 때문이다. 생각과 자세를 가다듬고 열심히 노력할 때 가능성은 싹트고 성공의 열매가 커지는 법이다.

이제 성공의 관념을 바꿔야 한다

우리는 한 번뿐인 삶을 잘 살기 위해 성공을 추구해야 한다. 그런데 우리 사회에서는 성공에 대한 기준이 너무 상대적이고 가시적인 요소에 치우쳐 있다는 생각이 든다. 이런 생각과 관념은 잘 사는 삶에 대한 본질도 왜곡시키고, 또 우리 사회에 성공지상주의와 과잉경쟁을 가져오며, 사회의 다양성과 건전성도 크게 저하시킨다. 그래서 나는 성공에 대한 관념을 좀 바꾸어야 한다고 생각한다.

유태인은 세계적으로 참 지혜로운 민족으로 알려져 있다. 그들은 세계인구에서 차지하는 비율이 0.3%도 안되지만, 노벨상 수상자의 23%를 차지하고, 미국 최고의 명문인 하버드 대학 학생의 30%를 차지하고 있다. 유태인들을 이렇게 대단한 민족으로 만든 것은 유태인들의 남다른 교육방법이다. 그중에서도 특히 눈을 끄는 것은, 유태인은 자녀들에게 '남보다 나은 사람이 되라'가 아니라, '남과 다른 사람이 되라'고 가르친다는 사실이다.

나는 이런 유태인식 교육방법이 옳다고 생각한다. 나는 여러분도 각자의 적성과 소신을 살려서, 한 방향으로만 달려서 1등이 한 명만 나오는 길이 아니라, 360도 전 방향으로 달려서 360명 모두가 1등 하는 길을 가기를 바란다.

성공의 과정과 성장이 중요하다

나는 또 성공을 추구하되 그 과정을 소중히 여기며, 성공보다 성장을 추구하는 것이 더 올바른 자세라고 생각한다. 많은 사람이 설악산을 가본 적이 있을 것이다. 우리가 설악산에 오를 때는, 설악동에서 시작해서 한 걸음 한 걸음 계곡을 건너고 능선을 넘어, 마지막으로 정상인 대청봉에 오르게 된다. 정상에 올라 설악산을 한눈에 내려다 보면 그 장관에 땀 흘리며 올라온 보람을 느낀다. 그런데 설악산의 아름다움은 정상에서 내려다 보는 아름다움만 있는 것이 아니다.

올라가면서 만나는 천불동 계곡이나 와선대, 비선대 등 계곡 굽이굽이마다 만나는 기암괴석과 크고 작은 폭포, 그리고 깎아지른 절벽에 분재처럼 자란 멋진 소나무 등 감탄이 절로 나오는 절경이 수도 없이 많다.

이와 같이 우리 인생도 꼭 정상까지 오르지 않더라도 우리가 겪는 과정 하나하나가 다 나름대로의 의미와 보람이 있는 것이다. 그렇게 힘 닿는 대로 한 걸음 한 걸음 오르다 보면, 오른 만큼 더 넓은 세계를 보게 되고, 정상에도 점점 더 가까워지는 것이다. 최선을 다한 인생은 모든 과정이 다 의미와 가치가 있다.

성공의 진정한 척도는 세상에 얼마나 기여했느냐 이다

나는 성공의 진정한 척도는 자기가 이룬 것의 지위나 양이 아니라 질적 가치라고 생각한다. 그중에서도, 나를 넘어서 세상을 위해 얼마나 기여했느냐가 성공한 삶의 진정한 척도라고 생각한다.

우리는 뮤지컬 '영웅'으로 재탄생된 안중근 장군을 잘 안다.(안중근 장군은 자신의 신분을 대한의군 참모중장이라 밝혔고, 이토 히로부미 저격도 군인으로서 적을 죽인 것이라 하였다. 그래서 군대에서는 순국 100주년을 기해 안중근 의사를 장군이라 부르기 시작했다: 저자 주) 안중근 장군은 30세인 1909년 10월 26일, 하얼빈역에서 대한제국 침탈의 원흉인 이토 히로부미를 저격하여 우리의 독립

의지를 만방에 알렸다. 안중근 장군은 재판과정에서도 한치의 흐트러짐이 없었고, 구차하게 생명을 구하지 않겠다며 항소도 하지 않은 채, 1910년 3월 26일 오전 10시, 여순감옥에서 장렬히 순국하셨다. 안중근 장군은 이렇게 31년의 짧은 삶을 살았지만, 우리 민족의 가슴에 영원한 영웅으로 살아 있다.

그리고 해군 특수부대 요원이었던 한주호 준위는, 2010년 '천안함 폭침' 사건이 발생했을 때, 최고령의 나이에도 아랑곳 하지 않고 앞장서서 구조활동을 하다가 순직하였는데, '책임을 다한 숭고한 삶의 표상'이 되어 초등학교 교과서에도 실렸다.

안중근 장군은 31년이라는 짧은 삶을 살았고, 한주호 준위는 결코 돈이 많거나 지위가 높은 사람이 아니다. 그렇지만 이들은 자기가 추구하는 가치를 위해 최선을 다하여 살았고, 또 그것이 자기만을 위한 것이 아니라 이웃과 나라를 위한 것이었으니, 어떤 부자나 높은 지위에 오른 사람보다도 가치 있는 삶을 산 것이다.

행복한
삶

삶에서 행복을 놓쳐서는 안 된다

우리가 한 번뿐인 삶을 잘 살기 위해서는 성공하는 삶을 살아야 하지만, 정말 놓쳐서 안 될 것은 행복한 삶이다. 나는 결혼 주례를 할 때마다 어떤 주례사를 할까 고민을 하게 되는데, 결론은 언제나 '행복하게 살아라'이다. 행복한 삶은 비단 주례인 나뿐만이 아니라, 양가 부모님이나 결혼식장에 온 하객 모두의 한결같은 바람이고, 신혼부부에게 해줄 수 있는 최고의 축복이기 때문이다.

우리는 애플의 창업자인 스티브 잡스를 잘 안다. 그는 IT 산업에 큰 획을 그은 세계적 인물이며, 세계 최초로 개인용 컴퓨터와 스마트폰을 개발하여 엄청난 부자가 되고 세계적인 명성을 얻은 사람이다.

이런 그가 56세의 젊은 나이에 암으로 죽음을 맞았을 때, 부와 명성만 쫓다가 사랑을 잃어 버렸던 삶, 그래서 결국은 인간의 삶에서 놓쳐서는 안 될 행복을 놓쳤던 자신의 삶을 후회하는 유언을 남겼다.

그러면 행복은 어디서 오는가? 사람이 행복하기 위해서는 어느 정도의 부도 필요하고, 인간적 존엄성을 보장할 수 있는 사회적 환경도 필요하다. 그러나 행복은 결국 마음의 문제다. 행복은 사람의 마음이 만족감과 평화로움과 기쁨을 느낄 때 오는 것이다. 진정한 만족감과 평화로움과 기쁨은, 돈과 지위와 명성에서 온다기보다 우리가 매사에 감사한 마음을 가질 때, 사람을 사랑하고 화목한 가정을 이룰 때, 가난하고 소외된 이웃을 위해 기꺼이 봉사하고 아낌없이 나눌 때, 그리고 언제나 웃음을 잃지 않으며 기쁘고 즐겁게 살 때 오는 것이다.

행복해야 성공도 더 잘 이룰 수 있다

많은 사람들은 "일단 성공부터 해야 된다, 성공하면 행복은 저절로 따라 온다."고 생각한다. 그렇다면 우리는 '행복한 사람과 행복하지 않은 사람 중에 누가 더 성공할 확률이 높겠는가?'라는 질문에 답해야 한다. 행복한 사람은 사람을 만나도 밝게 웃으며 인사하고, 스트레스를 잘 해소하니 사소한 일로 짜증도 안 내며, 항상 긍정의 에너지가 넘쳐 일도 즐겁게 하게 된다. 반대로 행복하지 않은 사람은 늘 얼굴이 굳어 있고, 말이 사무적이며, 사소한 일에도 쉽게 짜증내고,

삶의 에너지가 빨리 고갈된다. 이 두 사람 중에 누가 더 성공할 확률이 높을지는 굳이 대답할 필요가 없을 것이다.

우리는 보통 성공이 우선이고, 여유가 생기면 존경 받을 일도 좀 하고 행복도 누리며 살아야지라고 생각하는데, 이런 생각은 큰 성공을 이루기도 어렵고, 또 겉보기에는 큰 성공을 이루었다 할지라도 행복과 존경이라는 중요한 가치를 영영 놓칠 수 있다.

행복의 장애물부터 제거해야 한다

그런데 우리 사회에는 행복하지 않다는 사람이 너무나 많다. 우리나라는 10위권의 경제 강국이고, 복지 시스템이나 문화 예술 수준도 세계가 알아주는 나라다. 그런데도 OECD 국가의 행복지수 조사결과를 보면 우리나라는 항상 최하위권이다.

그러면 무엇이 우리의 행복을 가로 막고 있는지 한번 생각해 보아야 한다. 우리는 흔히 우선은 먹고살기 바쁘고 성공부터 해야 하니까, 이런 것이 어느 정도 해결되고 나면 그때 가서 행복도 찾겠다는 생각을 많이 한다. 번듯한 직장에 취업이 되고 나면, 부지런히 돈 모아서 아파트라도 한 채 장만하고 나면, 그때 우리도 좀 행복하게 살아 보자 하는 식으로, '조건의 울타리'를 자꾸 만들고 행복을 그 울타리 밖으로 밀어내는 것이다. 행복이란 마음에서 오는 것이기 때문에, 우리가 이런 조건의 울타리만 만들지 않는다면 어떤 환경 속에 있더라도 얼마든지 행복해질 수 있는 것인데 말이다.

또 하나 중요한 것은 메테르링크의 소설 『파랑새』에서 보듯이 행복은 먼 곳에 있는 것이 아니라, 우리의 가정 안에서, 그리고 우리의 소소한 일상 속에서 얼마든지 찾을 수 있음을 깨닫는 것이다. 모차르트 음악을 들으며 마시는 커피 한 잔에도 행복은 담겨 있고, 평범한 소시민의 저녁 식탁에도 행복은 잔칫상처럼 가득 올려질 수 있는 것이다.

우리를 행복으로부터 멀어지게 하는 또 하나의 장애물은 '상대적 비교의 굴레'다. 경쟁이 일상화된 사회에서 살다 보니 남보다 나은 것이 행복이라고 생각하는 경우가 많다. 남보다 지위가 더 높고, 남보다 돈이 더 많으며, 남보다 더 유명해지는 것을 행복과 동일시하는 것이다. 물론 우리가 살면서 겉모습이 주변과 비교되는 것은 피할 수 없다. 그리고 우리나라가 잘사는 것은 사실이지만, 빈부의 양극화가 심화되고 치열한 경쟁을 조장하는 사회의 강박적 분위기가 우리에게서 마음의 여유를 많이 빼앗아 간 것도 사실이다.

그런데 돈 많고 지위 높고 스타가 되어서 부러움을 사는 사람들이 자살을 하고, 돈 때문에 형제간에 싸우고, 스타 부부의 이혼 소식이 심심찮게 들리는 것들을 보면, 행복이 결코 그런 가시적 요소들과 비례하지 않는다는 것을 금방 알 수 있다.

행복의 주인은 우리 자신이다

우리가 행복하기 위해서 생각해야 할 가장 중요한 것은, 행복은 본질적으로 마음의 문제이니 내가 주인이라는 사실이다. 그래서 내가 행복하다고 생각하면 행복한 거다. 행복을 남과 비교하고, 행복하지 않은 이유를 밖에서 찾는 것은, 내 행복을 남에게 의존하는 지혜롭지 못한 일이다.

나는 여러분이 한 번뿐인 인생에서 행복만큼은 절대 놓치지 않기를 진심으로 바란다. 그러니 세상 좋아질 때까지 행복을 미루지 말고, 행복을 '조건의 울타리' 밖으로 밀어내지 마라. 그리고 '상대적 비교의 굴레'도 과감히 벗어던지고, 행복의 진정한 주인이 되어 이 세상 행복을 마음껏 누리기 바란다.

어떻게 성공과 행복을
모두 얻을 것인가?

나는 한 번뿐인 삶을 가치 있게 잘 살기 위해서는, 존경받는 성공을 해야 하고, 또 우리의 삶이 행복해야 한다고 생각한다. 그럼 우리 삶에서 이런 성공과 행복은 어떻게 모두 얻을 수 있는가?

우리가 바라는 성공과 행복이라는 집은 크게 네 가지 기둥으로 이루어진다고 나는 생각한다. 네 가지 기둥은 '일을 잘하는 것', '좋은 인간관계를 유지하는 것', '화목한 가정을 만드는 것', 그리고 '봉사하는 삶을 사는 것'이다. 그리고 이 네 기둥을 튼튼하게 받쳐주기 위해서는 기초가 먼저 탄탄해야 하는데, 이 기초는 바로 '인격'과 '지식'과 '건강'이다.

이런 개념을 하나의 그림으로 표시하면 다음과 같다.

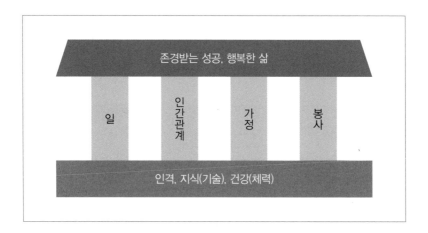

나는 여러분의 삶도 이런 멋진 집을 한 채 짓는 모습이 되기를 바란다. 그런데 건물을 지을 때는 위와 같은 설계도만 있어서는 안된다. 이 설계도대로 공사를 실시하기 위해서는 구체적인 공사지침을 담은 시방서가 반드시 있어야 한다. 인생에서의 시방서는 각자의 '인생지표'다.

나는 인생을 살면서 꿈과 목표도 중요하지만, 이 꿈과 목표를 잘 이루어갈 방향과 노하우를 알려주는 '인생지표'가 정말 중요하다고 생각한다. 누구나가 자기 인생에서 이루고 싶은 꿈과 목표는 있지만, 이것을 잘 이루지 못하는 것은 '인생지표'가 제대로 준비되지 않았기 때문이라고 생각한다. 산 정상에 오르겠다는 목표와 의지만 있어서는 안 된다. 어느 길로 어떻게 올라야 하는지를 잘 알아야 산 정상에 오를 수 있는 것이다.

여러분이 세상에 나가서 존경받는 성공을 이루고, 행복도 놓치지 않는 멋진 인생의 집을 짓기 위해서는, 여러분 나름대로의 '인생지표'가 있어야 한다.

내가 여러분에게 '인생지표'로 삼도록 조언하는 것은 다음 10가지다.

성공과 행복을 위한 10가지 인생조언

1. 긍정의 힘을 믿고 희망을 절대 버리지 마라.

2. 돈·지위·명성보다 가치를 추구하라.

3. 인격에 먼저 투자하라.

4. 끊임없이 공부하라.

5. 야무지고 즐겁게 일하라.

6. 진정성 있는 인간관계를 만들어라.

7. 남과 경쟁하지 말고 자신과 경쟁하라.

8. 기꺼이 봉사하고 아낌없이 나누라.

9. 가정을 소중히 지키고, 늘 감사하며 기쁘게 살아라.

10. 세상에 기죽지 말고, 당당한 삶의 주인이 되라.

내 삶을 이끌어준
나의 인생지표

앞에 제시한 '10가지 인생조언'은, 내가 젊은 시절에 정립했던 '나의 인생지표'와 이런 인생지표를 따라 40여 년간 군인으로서, 그리고 한 사람의 사회인으로 살아오면서 경험하고 깨달은 인생의 지혜들을 모두 모아 새롭게 정리한 것이다.

나도 여러분 같은 20-30 시절에, 어떻게 살아야 한 번뿐인 인생을 가치 있게 잘 사는 것인지에 대한 젊은이다운 고민을 많이 했다. 특히 나라를 지켜야 하는 막중한 사명을 가진 장교로서의 책무를 다하기 위해서는, 인격과 지식을 잘 겸비한 장교가 되어야 한다는 열망과 사명감이 매우 컸었다. 그래서 나름대로 많은 생각을 하고, 또 책을 읽고, 일기를 쓰고, 롤 모델을 따라 하는 등의 실천적인 노력을 많이 기울였다.

이러한 노력들이 하나 둘 쌓여서, 밤하늘의 별자리같이 내 삶을 이끌어 줄 '나의 인생지표'가 되었다. 내가 젊은 시절에 치열하게 고민하고 노력해서 얻어낸 내 삶의 지표는 이런 것들이었다.

첫째, 언제, 어디서나, 누구에게서나 배워야 한다

공자님의 가르침을 적은 논어는 '때때로 배우고 익히니 기쁘지 아니한가'라는 말로 시작한다. 생각할수록 의미가 깊은 논어다운 첫 구절이다. 영국의 철학자 프란시스 베이컨도 '아는 것이 힘이다'라고 말했듯이, 세상을 살아가는 힘은 아는 것에서 나오고, 아는 것은 배움을 통해서 온다.

그래서 나는 언제 어디서나 그리고 누구에게서나 배우는 것이 최고의 지혜라고 생각했다.

둘째, 인격을 먼저 도야하고, 바르고 겸손해야 한다

우리의 앞길을 열어주신 모든 인생 멘토들은 인격이 능력보다 앞서야 한다고 한결같이 강조한다. 이는 그저 착한 사람, 손가락질 받지 않는 사람이 되라는 차원에서 이야기한 것이 아니라, 인격이야말로 사람을 사람다운 사람으로 만들어 주고, 나아가 사람을 큰 그릇으로 키워주는 진정한 삶의 자산이기 때문이다.

나는 장교이며 리더의 길을 가야 하기에 훌륭한 인격을 갖추는 것이 무엇보다 중요하며, 특히 바르게 사는 것과 겸손함을 잃지 않는 것이 중요하다고 생각했다.

그래서 나는 능력을 키우기 위해 노력하는 것처럼, 인격을 도야하기 위해서도 똑같은 노력과 시간을 투자해야 한다고 생각했다.

셋째, 힘이 있어야 제 역할을 할 수 있다

도산 안창호 선생님 전기를 읽으면서 나라나 개인이나 힘이 없으면 멸시받고, 자신을 지키지 못하며, 세상에 아무런 기여도 하지 못한다는 것을 뼈저리게 느꼈다. 힘이 있어야 개인이나 나라나 제 구실을 할 수 있고, 또 더 크게 발전하고 세상에 기여할 수 있는 것이다.

나는 특히 장교로서 부하를 이끌고 나라를 지켜야 하기 때문에, 이에 필요한 능력을 잘 갖추어야 한다고 생각했다.

넷째, 대접받고 싶으면 먼저 대접해야 한다

어릴 적부터 신앙생활을 하면서, 예수님 가르침 중에 '네가 대접 받고 싶은 대로 남을 먼저 대접하라'는 말씀이 기독교 신앙의 황금률이라는 말을 많이 들었다. 그리고 논어에서 '己所不欲勿施於人'(기소불욕물시어인), 즉 '네가 싫은 것은 남에게 행하지 마라'는 가르침을 보았다.

젊은 나이에도 이 두 말씀이 참으로 공감이 되었다. 그래서 나는 세상을 살아가면서 다른 사람을 대할 때는, 이 두 가지 말씀을 늘 가슴에 새기고 행동으로 실천해야겠다고 생각했다.

다섯째, 최고의 가치는 봉사하고 창조하는 것이다

나는 이순신 장군, 도산 안창호, 마더 테레사 등 후세로부터 존경 받는 사람들의 삶을 살펴 보면서, 이들이 한결같이 존경 받는 이유 는 자신을 넘어서 이웃과 나라와 인류를 위하여 봉사적 삶았기 때문이라는 것을 알았다. 그리고 역사학자 토인비 박사의 "창조적 소수 Creative Minority가 역사를 발전시킨다."는 말을 듣고, 창조적 삶의 가치를 가슴에 새기게 되었다.

그래서 나는 어디서나 창조적 발전을 가져오는 역할을 하여야겠다고 생각했고, 또 기꺼이 봉사하고 아낌없이 나누는 삶을 살아야겠다고 생각했다. 그리고 군인인 나에게 있어 최고의 봉사는, 나라를 위해 헌신하고, 필요하면 목숨도 기꺼이 바치는 것이라고 생각했다.

여섯째, 언제나 긍정적이며 최선을 다해야 한다

책을 읽으면서 성공적으로 인생을 살았던 사람들의 가장 많은 공통점은, 매사에 긍정적인 자세로 최선을 다한 것이라는 것을 알게 되었다.

그리고 최선을 다한다는 것은 성실하게 사는 것이며, 성실하다는 것은 진실함, 정성을 다함, 한결같음의 세 가지 요소를 함께 가지는 것인데, 이 중에서도 시간이 흘러도 변함없이 한결 같은 자세를 가지는 것이 가장 중요한 요소라고 생각했다.

일곱째, 매사에 균형과 조화의 감각을 잃으면 안 된다

나는 사서삼경의 하나인 중용中庸을 읽으면서 철학적인 깊은 뜻은 다 이해할 수 없었지만, 어느 한쪽으로 치우치지 않고, 부족하거나 넘침이 없으며, 모든 사람들과 조화롭게 잘 어울릴 줄 아는 균형과 조화가 중요함을 알게 되었다.

특히 그리스의 아폴로 신전에 새겨져 있는 'Nothing in Excess'와 논어에 나오는 '과유불급過猶不及'을 늘 마음에 새겨서 매사에 지나침이 없도록 해야 한다고 생각했다.

여덟째, 군인과 장교로서의 명예를 잃지 않아야 한다

나는 고등학생 시절, 사관학교에 가면 사람이 완전히 바뀐다는 말에 매력을 느꼈고, 또 나라에 대한 생각을 잘 배우고 싶다는 생각으로 육군사관학교에 갔고, 그래서 군인이 되었다.

그런데 군인의 길을 걸으면 걸을수록, 하나뿐인 목숨보다도 임무와 나라를 먼저 생각하는 군인이라는 직업이 참으로 자랑스럽고 멋있게 생각되었다. 그래서 자랑스러운 군인으로서의 명예와, 사관학교 교육을 받은 장교로서의 명예에 절대 누를 끼치는 일이 있어서는 안 된다고 생각했다.

아홉째, 가정을 잘 지켜야 한다

나는 가정이 화목하고 평화로우면 모든 것이 다 잘 이루어진다는 선조들의 지혜를 믿고, 또 미국에서 공부할 때 미국 사람들이 우리보다 더 가정적인 모습을 보며, 가정의 소중함을 다시 한 번 깨닫게 되었다.

나는 가정이 세상을 잘 살아가게 하는 힘의 원천이고 행복의 샘이며, 또 화목한 가정을 만드는 것은 하늘이 준 또 하나의 소중한 사명이라고 생각했다. 그래서 가정도 나라처럼 확고히 지키고 화목하게 잘 가꾸어야 한다고 생각했다.

열째, 기쁘고 즐겁게 살 줄 알아야 한다

내가 유념했던 또 하나의 중요한 마인드는, 우리가 인생을 살면서 뜻은 높게 세우고 진지하고 성실하게 그 뜻을 추구해 가되, 그 과정과 일상은 기쁘고 즐거워야 한다는 생각이었다.

나는 사관학교 졸업앨범에 들어가는 나의 글에도 '웃음과 노래를 잃지 말자'라는 표현을 넣었는데, 이 말대로 언제나 유머가 있고 음악이 함께 하는 삶을 살아야 한다고 생각했다.

젊을 때
잘 준비해야 한다

가보지 않은 길을 가기 위해서는 지혜로운 준비가 필요하다. 우리는 한 편의 영화를 볼 때도, 인터넷을 검색해서 관련 정보를 찾아보고 먼저 본 사람들이 올린 리뷰를 참고한다. 큰맘 먹고 해외 여행이라도 간다면, 몇 달 전부터 자료를 찾아보고 노트에 하나하나 체크해 가며 꼼꼼하게 준비를 할 것이다.

인생도 당연히 이러한 지혜를 발휘해야 한다. 특히 인생에서는 20대부터 30대 초반의 젊은 시절을 어떻게 보내느냐가 인생 전체를 크게 좌우하게 된다. 물론 지나온 10대의 삶이 지금의 기초가 된 것은 사실이지만, 본격적인 인생준비는 스스로의 삶에 대한 자각과 책임이 생긴 20대부터 시작되는 것이라고 나는 생각한다.

제1부 내가 보는 인생

내 경험에 비추어 보면 청년기의 1년은 장년기의 5년보다 가치가 있고, 노년기의 10년보다 훨씬 더 가치가 있다. 청춘을 인생의 황금기라 부르는 것은, 단순한 문학적 표현이 아니라 실제의 시간 가치가 그만큼 크기 때문이다.

높은 건물을 짓기 위해서는 기초를 더욱 튼튼하게 만들어야 하듯이, 인생에서도 젊을 때 인생의 기초를 잘 다져 놓으면 꿈을 더 크게 이룰 수 있다.

내가 20대 초부터 열심히 노력했던 것은 다음 10가지다. 이런 노력을 통해서 '나의 인생지표'도 만들어졌고, 이것이 나의 좋은 습관으로 정착되어 내 인생의 든든한 밑천이 되었다고 생각한다.

젊은 시절에 준비한 나의 인생밑천

1. 책 많이 읽고 메모해 두기

2. 일기 쓰기

3. 롤 모델 따라 하기

4. 가치관 정립하기

5. 웃는 얼굴로 반갑게 인사하기

6. 품격 있고 따뜻하게 말하기

7. 계획성 있고 알뜰하게 시간 쓰기

8. 온몸으로 고생하고 과감하게 도전해 보기

9. 여행 많이 하기

10. 진실한 신앙생활 하기

전략적 마인드를
가져야 한다

이렇게 인생의 설계도가 만들어지고 이를 만들어갈 인생의 지표가 정해지면, 성공과 행복을 함께 얻는 삶을 살 준비가 되었다고 할 수 있다. 그런데 여러분들에게 꼭 해주고 싶은 이야기가 한 가지 더 있다. 그것은 세상을 좀 멀리 보고 크게 보는 전략적 마인드를 가지라는 것이다.

'전략'이라는 말은 영어로 'Strategy'인데, 그 어원은 고대 그리스 도시국가 시절에, 전쟁을 지휘하는 장군을 'Strategus', 또는 'Strategos'라고 부른 데서 기원하였다. 그러니까 'Strategy', 즉 전략은 전쟁 전체를 지휘하는 장군이 사용하는 최상위 작전개념으로서, 당장 눈앞이나 어느 한쪽에서 벌어지고 있는 한 국면의 전투에서 이기는 길을 찾는 것이 아니라, 멀리 크게 내다보면서 전쟁 전체를 승리로 이끌 방법을 찾는 것을 말한다.

그래서 '전략적 마인드'란 우리가 인생에서도 근시안적이고 단편적인 이익만 보는 것이 아니라, 인생 전체에서 정말 중요하고 큰 가치가 무엇인지를 볼 줄 아는 눈을 가지는 것을 말한다.

왜 전략적 마인드가 필요한가?

　이세돌 9단과 알파고의 대결로 바둑이 세계적인 주목을 받은 바 있다. 나는 젊을 때 잠깐 바둑을 두어본 적이 있는데, 고수들과 바둑을 두면 처음에는 하수에게 주는 몇 점의 덤을 이용해서 내가 유리한 것 같은데, 나중에는 나의 대마가 잡히던지 집을 크게 내주어 결국 지는 것을 수없이 경험했다. 하수인 나는 싸움이 벌어지고 있는 좁은 국면만 보면서 한 수 앞 계산만 하고 있는데, 고수는 바둑판 전체를 보면서 나보다 몇 수 앞을 내다보고 있으니까 결국은 지는 것이다. 인생도 이와 똑같다.

　또 우리가 인생을 살면서 흔히 범하는 잘못 중 하나는, 너무 성급하게 과실을 얻으려 하거나, 2보 전진을 위한 1보 후퇴의 가치를 생각지 못하는 것이다.

　우리가 인생을 살면서도 전략적 마인드를 가지고 조금만 더 멀리 보고 크게 볼 줄 안다면, 그리고 조금만 더 인내하고 기다릴 줄 안다면, 당장은 손해도 좀 보고 시간도 많이 걸리는 것 같지만, 정말 중

요하고 가치 있는 것을 놓치지 않게 되며, 궁극적으로 기초와 골격이
튼튼해져서 더 높은 목표에 다다를 수 있다.

전략적 마인드를 가지라고 해서, 작은 것을 결코 소홀히 보라는 것
은 아니다. 발등의 불은 당연히 먼저 꺼야 되고, 천리 길도 한 걸음부
터 시작하는 것이다. 성공적으로 인생을 살았던 사람들을 보아도, 그
들은 한결같이 하루하루를 충실히 살았고 디테일에도 강했다.

전략적 마인드와 하버드 정신

나는 고등학교 때까지 반장을 한 번도 해보지 못했고, 육군사관학
교에 들어가서도 4년 내내 지휘관생도(리더)로 임명 받아 보지 못했다.
또 사관학교 졸업성적도 중간 밖에 되지 못하였다. 그런 내가 3성 장
군이 되고 38년간이나 나라의 쓰임을 받을 수 있었던 것은, 무엇보다
부하들이 훌륭했고, 상관들이 잘 가르쳐 주었으며, 또 주변 사람들의
많은 도움이 있었기 때문이다. 여기에 내 스스로도 젊을 때 인생의
기초를 다지는 노력을 열심히 하고, 또 이런 기초로부터 만들어진 '나
의 인생지표'를 충실하게 따르는 노력을 곁들이다 보니 이런 좋은 결
과가 왔다고 생각한다.

돌아보면 내가 젊은 시절에 가졌던 이러한 생각과 자세들이 인생
을 멀리 크게 본 것이었다는 생각이 든다.

우리나라에서도 베스트셀러가 된 '하버드대 인생학 명강의, 어떻게 인생을 살 것인가'에서, 저자 쑤린은, "하버드대가 명실상부한 인재양성소가 될 수 있었던 것은, 하버드대에 진학하는 학생들의 지능이 월등히 높아서라기보다 하버드대 특유의 '하버드정신'으로 학생들을 무장시켰기 때문이다"라고 말한다.

쑤린이 말하는 '하버드정신'과 내가 말하는 '전략적 마인드'는 비슷한 개념이다. 하버드 정신이 하버드대 출신들의 성공엔진이듯이, 나는 여러분이 인생을 좀 멀리 크게 보는 전략적 마인드를 가지고, 여러분 나름의 '인생지표'를 잘 정립하고, 또 젊은 시절에 '인생밑천'을 튼튼하게 잘 만들어 놓으면, 틀림없이 존경 받는 성공을 이루고 행복도 함께 누리는 삶을 살 것이라 굳게 믿는다.

한 가지 여러분들에게 양해를 구할 것은, 인생조언의 표현이 '하라', '마라' 식으로 되어 있는데, 이것은 나의 생각과 권유를 간결하게 표현한 것이지, 결코 여러분에게 강요하거나 잔소리하려는 것이 아니다. 선택은 여러분의 몫이고, 여러분 삶의 주인은 여러분 자신이다. 인생에서는 여러분도 장군이다.

소금이 짠 맛을 잃으면 소금이 아니듯이
사람도 사람다움이 없으면
진정한 사람이 아닌 것이다.

성공과 행복을 위한 10가지 인생조언

긍정의 힘을 믿고
희망을
절대 버리지 마라

긍정,
세상을 잘 살게 하는 최고의 힘

사람이 세상을 살아가게 만드는 가장 기본적인 힘은 어떻게든 살아야 한다는 끈질긴 생명력이다. 이것은 생명을 가진 모든 존재들이 가지는 생존본능에서 오는 힘으로, 생사가 오가는 전쟁터나 재난현장, 그리고 질병과 기아 같은 극한적 상황에서도 사람을 살아남게 만드는 힘이다.

그러나 인간은 동물과 달리 단순히 생존에 머무르는 존재가 아니라, 성공과 발전을 추구하고 가치를 만들어 내는 창조적 존재이기 때문에, 생명력만으로는 세상을 잘 살 수 없다. 사람이 생존을 넘어 세상을 잘 살기 위해서는 또 다른 힘들이 필요하다. 이런 힘 중에 첫째는 바로 '긍정의 힘'이라고 나는 확신한다. 성공한 사람들의 이야기를 종합해 보면, 그들이 가졌던 남다른 2%는 긍정적 사고, 뜨거운 열정, 불굴의 의지인데, 여기에서도 긍정의 힘이 첫째가는 요소다.

현대그룹 창업자인 정주영 회장의 긍정적 사고방식과, 여기에서 나오는 도전정신은 우리에게 참으로 많은 가르침을 준다. 우리나라 건설 산업이 중동에 처음 진출할 때 정부관리들은 현장답사를 한 후 너무 더워서 낮에는 일을 할 수가 없고, 건설공사에 필요한 자재들이 없어 공사를 할 수 없는 곳이라고 했다. 그러나 박정희 대통령의 부탁을 받고 중동을 다녀온 정주영 회장은 "중동은 세상에서 건설공사 하기에 제일 좋은 지역이다. 비가 오지 않으니 1년 내내 공사를 할 수 있고, 건설에 필요한 모래와 자갈이 현장에 있으니 자재 조달도 쉽고, 더위 문제는 천막을 치고 낮에 자고 밤에 일하면 된다."라고했다. 이렇게 해서 중동 건설 붐이 시작되었고, 여기에서 벌어들인 달러는 우리 나라 경제발전의 초석이 되었다.

정주영 회장이 부하 직원들에게 잘하는 말은 바로 "해 봤어?"다. 이것은 정주영 회장이 불도저처럼 무조건 밀어붙이기만 하는 사람이어서 하는 말이 아니다. 정주영 회장이 정말 걱정하는 것은 부하직원들의 부정적인 자세였다. 회사가 발전하기 위해서는 항상 새로운 가능성을 찾아내고 도전해야 하는데, 부정적인 자세에서는 희망이나 가능성을 찾기가 어렵고 그래서 도전하지 못하기 때문이다.

나는 지금껏 세상을 살아오면서 부정적인 자세를 가진 사람이 잘되는 모습을 정말로 본 적이 없다. 모든 성공은 이런 긍정의 힘에서 시작하고, 쓰러져도 다시 일어날 때 완성되는 것이다. 여러분도 지금 당장 밖으로 나가 시험을 해보기 바란다. 태양을 등지고 서면 그림자가 보이지만, 태양을 바라보면 밝게 빛나는 세상이 보일 것이다.

내 삶의 원동력도
긍정의 힘이었다

　　　　　요즈음 회자되는 금수저, 흙수저론으로 표현
하면, 나는 흙수저도 아닌 부러진 수저를 들고 세상에 태어난 사람이
다. 나는 6.25 전쟁이 끝나던 해에 태어났는데, 내가 태어났을 때 나
의 아버지는 이미 세 달 전에 돌아 가셨고, 장례를 치르고 났을 때 우
리 집에 남은 것은 보리쌀 두 말이 전부였다고 한다. 그 당시의 삶이
다 그랬듯이, 우리 집은 늘 생존 자체가 문제였고 학교 뒷바라지 같
은 것은 엄두도 낼 수 없었다. 수안보에서 중학교까지 다니고 고등학
교를 가기 위해 충주로 나왔을 때는, 공부방은 고사하고 잠을 잘 방도
없었다. 작은 형님이 어려운 형편에도 불구하고 학비를 대 주셨지만,
단칸방 살림을 하는 형편이어서 나는 3년 내내 과외지도를 하거나 친
구 공부를 도와주며 이 집 저 집을 옮겨 다니면서 잠을 자야 했다.

그렇지만 나는 결코 내 환경을 탓하지 않았다. 나는 늘 가족이 없어서 고아원에 가거나 구두통을 매고 거리로 나가지 않은 것만도 큰 다행이라 생각했고, 나는 또 병에 걸려도 더 큰 병에 안 걸린 것을 다행으로 생각했다. 한번은 수술을 하고 1주일 정도 입원을 한 적이 있었는데, 수술 경과가 좋아 이틀 후에는 링거 스탠드를 직접 밀면서 복도를 다닐 수 있었다. 그런데 복도에는 링거 줄, 약병 줄, 소변 줄 등 서너 개의 줄을 주렁주렁 달고 가족이 밀어주는 휠체어에 힘들게 앉아 있는 환자도 많았다. 그래도 그 환자는 좀 나은 사람임을 곧 알았다. 중환자실에는 산소마스크를 쓴 채 꼼짝도 못하고, 가족이 와도 알아보지 못하는 환자들도 많이 있는 것이었다. 그런 모습을 보면서, "그래, 내가 아픈 것은 아무것도 아니구나. 목숨이 살아 있는 한 그것은 아직 괜찮은 것이고 하느님에게 감사할 일이다."라고 생각했다.

희망의 끈을 놓지 말고
끈기 있게 도전해야 한다

2016년 8월 10일 브라질 리우 올림픽파크의 카리오카 펜싱경기장에서는, 포기하지 않는 한 기적이 만들어질 수 있음이 증명되었다.

남은 시간 2분 24초, 전광판에 새겨진 점수는 10-14, 이제 단 1점만 내주면 끝나는 상황이었다. 감독마저 포기했지만 스물한 살의 젊은 검객 박상영은 결코 포기하지 않았다. 그는 '할 수 있다, 할 수 있다.'라고 주문 같은 말을 되뇌었다. 그리고 그의 칼이 전광석화처럼 날아 백전노장 임레 선수의 몸에 연속으로 꽂혔다. 불과 47초 만에 5점을 올린 박상영 선수의 모습에 우리 국민은 물론 세계인이 열광했고, 미국 NBC는 "펜싱 역사가 새로 만들어졌다."고 했다.

여러분들은 아직 짧은 인생밖에 살지 않았지만, 세상을 산다는 것이 결코 녹록하지 않다는 것은 느꼈을 것이다. 인생은 흔히 먼 항해에 비유한다. 대서양을 건너고 태평양을 건너는 먼 항해를 하려면 순풍만 만날 수 없다. 역풍도 만나고, 태풍도 만나고, 때론 암초나 해적을 만날 수도 있다. 그런 고비를 만날 때마다 주저앉는다면 결코 목표에 다다를 수 없을 것이다. 우리는 희망의 끈을 놓지 않고, 깨어지고 찢어지고 흐트러진 배를 다시 추슬러서 항해를 계속 해야 한다. 그래야 최종 목적지에 다다를 수 있다.

이렇듯이 성공은 넘어지지 않을 때 오는 것이 아니라, 넘어졌어도 다시 일어날 때 오는 것이다. 여러분은 첫돌 무렵에 수없이 넘어지면서 끝내는 스스로 일어섰고, 그리고 세상을 향한 힘찬 첫걸음을 떼었던 경험이 있다. 여기에 놀라운 비밀이 하나 숨어 있다. 아기는 태어날 때 무릎 뼈가 완성되지 않았다. 그런데 아기들이 수없이 넘어지고 일어나는 과정에서 뼈가 자라고 단단해진다는 것이다.

로키 산맥에 가면 해발 3천 미터에 '무릎 꿇은 나무'가 자라고 있다. 이 나무들은 너무나 매서운 바람 때문에 똑바로 자라지 못하고 마치 사람이 무릎을 꿇은 것 같은 모습으로 자란다. 그런데 세계에서 공명이 가장 잘 되는 명품 바이올린은 바로 이 '무릎 꿇은 나무'로 만든다고 한다. 매서운 추위를 견디면서 나무가 단단해졌기 때문이다.

역경과 난관은 단순한 장애물이 아니다. 똑같은 돌이라도 넘어져서 일어나지 않는 사람에게는 걸림돌이지만, 다시 일어서는 사람에게는 디딤돌이 될 수 있는 것이다.

때로는 포기할 줄도 알아야 하지 않는가?

여러분은 때로 좀 혼란스러울 때가 있을 것이다. 자기계발서나 성공한 사람들의 스토리를 보면 절대 포기하지 말라고 목소리를 높이고 있다. 그런데 요즈음 많이 주목 받는 행복이나 힐링을 이야기하는 사람들의 이야기를 들어보면, 때론 포기할 줄도 알아야 한다고 한다. 그럼 도대체 누구 말이 맞는 것인가?

결론부터 이야기하면 두 가지 말이 다 맞다. 세상을 잘 살려면 포기해서도 안 되고, 그러나 때로는 포기할 줄도 알아야 한다. 인생의 멘토들이 절대 포기하지 말라는 참뜻은, 쉽게 포기하지 말라는 것이고, 궁극적인 희망의 끈은 절대 놓아서는 안 된다는 뜻이다.

우리는 무엇을 하든 현실을 무시할 수 없고, 또 시시각각으로 변화하는 상황에 능동적으로 적응할 수 있어야 한다. 그래서 포기하지 말라는 것은, 꿈과 가능성을 보지 못하는 부정적 인식 때문에, 그리고 열정이 식고 의지가 약해졌기 때문에 포기하는 일이 있어서는 안 된다는 것이다. 이런 식의 이유라면 절대 포기해선 안 된다. 오히려 약해지거나 느슨해진 자신을 더 다잡아야 한다.

그러나 합리적이고 현실적인 판단을 해서, 목표를 바꾸고 계획을 수정할 일이 있으면 당연히 그렇게 해야 한다. 현실적으로 사람에게는 시간이 무한히 있지 않고, 자기의 능력이나 적성에 대한 새로운 평가가 나올 수도 있으며, 상황이 바뀌거나 여건이 도저히 허락하지 않는 일도 현실적으로 있을 수 있다.

그래서 진지한 고민과 냉철한 판단을 통해서 결정한 일이라면, 이것은 포기가 아니라 능동적인 변화고 용기 있는 결단인 것이다. 그러니 포기 한두 번 했다고 자책하고 실망할 필요는 없다. 그리고 정말 이루고 싶은 꿈이 있다면 좀 미루었다가 여건이 되었을 때 다시 이루면 된다.

나는 소리꾼 장사익 씨의 팬이다. 그는 선린상고 3학년 때 보험회사에 취직한 것을 시작으로, 열다섯 개의 직업을 전전하였다. 그러다가 43세에 자기가 정말로 하고 싶던 태평소를 불기로 결심하고 이광수 사물놀이패를 따라 다녔는데, 뒤풀이 때 부르는 그의 노래실력이 알려져서 홍대 앞 소극장 무대에 올라 노래를 하게 되었다. 이 때 그의 나이가 45세였던 것이다. 그는 결코 꿈과 희망을 버리지 않았던 것이다.

그러니 남보다 좀 늦어도 괜찮고 돌아가도 괜찮다. 또 삶이 너무 지치면 그런 것은 과감히 내려놔라. 그리고 내려 놓았으면 미련 두지 마라. 그러나 궁극적인 희망은 절대 버리면 안 된다. 청춘이란 희망이 살아 있다는 것이고, 희망이 있는 한 우리의 꿈은 결국 이루어지게 되어 있다.

돈·지위·명성보다
가치를 추구하라

모든 성공은
꿈에서부터 시작한다

우리나라에는 '박세리 키즈'라는 말이 있다. 1998년 7월 7일, 우리나라가 IMF 경제위기를 맞아 모든 국민이 힘들고 실의에 빠져 있을 때, 박세리 선수가 미국 LPGA US오픈에서 맨발 투혼을 발휘하며 우승을 해서 온 국민에게 큰 희망과 활력을 주었다. 이 모습을 보며 골프선수의 꿈을 키웠던 여자 선수들을 박세리 키즈라고 부른다. 지금 이들이 LPGA(미국 프로여자골프)를 안방처럼 휘젓고 있다.

이렇듯 우리가 이루는 모든 성공은 꿈에서부터 시작한다. 꿈이 있어야 삶의 목표와 방향이 생기고 우리의 노력을 집중할 수 있다. 또 꿈이 있어야 어떤 어려움도 참고 견뎌 낼 의지가 생긴다.

하버드 대학에서 인생의 목표가 가지는 가치에 대해 연구를 한 적이 있다. 환경과 조건이 비슷한 학생들을 대상으로 인생의 목표가 있느냐는 질문을 하고, 25년이 지난 후 이들의 삶을 다시 조사했는데 놀라운 결과가 나왔다고 한다. 명확하고 장기적인 목표가 있었던 사람의 대부분은 사회에서 영향력 있는 인사로 성장하였고, 단기적인 목표를 가진 사람들은 대부분 자기 분야의 전문가가 되어 중상위층의 안정된 생활을 하고 있었으며, 목표가 희미했던 사람들은 대부분 중하위층의 삶을 살고 있었다. 그런데 목표가 없었던 사람들은 취업과 실직을 반복하며 사회가 도와주어야 살아갈 수 있는 최하위 수준의 삶에 머물러 있었다.

돈·지위·명성보다
가치를 추구해야 한다

2016년 봄, 우리나라는 물론 전 아시아가 드라마 한 편에 푹 빠졌었다. 새로운 한류 바람을 일으킨 '태양의 후예'가 바로 이 드라마다. 작가의 뛰어난 스토리구성과 배우들의 개성 넘치는 연기, 그리고 감칠맛 나는 명대사와 장면마다 가슴 시리게 젖어드는 배경 음악 등 드라마의 모든 요소들이 시청자들의 눈과 귀를 사로잡기에 충분했다.

나는 그중에서도 이 드라마의 젊은 주인공들이, 누구나가 추구하는 돈과 지위와 명성이 아니라, 자신들이 생각하는 진정한 가치를 위해 당당하게 살아가는 모습이 너무나 멋지고 존경스러웠다.

여주인공인 강모연은, 처음에는 의사로서 생명이 가장 중요한 가치라는 생각을 가졌었지만 점차 돈을 쫓고 명성에 집착하게 된다. 그러다 우르크의 재난현장에서 죽어가는 생명을 구하면서, 졸업식 때했던 히포크라테스 선서를 떠올리게 되고, 돈보다 생명이 우선이라는 의사로서의 초심을 회복한다. 남자 주인공 류시진 대위는 군인이다. 그는 특전사 알파팀 팀장으로 국민의 생명과 안전을 지키고, 이 땅의 평화와 자유를 지키는 것이 군인으로서의 사명임을 한시도 잊지 않는다. 류시진 대위는 생사를 넘나드는 작전 현장에서도, 이런 가치를 지키기 위해 개인적인 불이익도 기꺼이 감수하며 당당하고 명예로운 군인의 길을 간다.

우리는 누구나 오직 한 번뿐인 일회적 인생을 산다. 그래서 반드시 값있게 살아야 한다. 또 내 삶에서 정말 무엇이 가치 있는 것인지에 대해 진지하고 치열하게 고민해 보아야 한다.

많은 사람들은 세상을 살면서 돈과 지위와 명성을 꿈이라고 생각하는 것 같다. 나는 돈, 지위, 명성을 추구하는 것을 절대 폄하하지 않는다. 사람이 자신의 이익을 챙기는 것도 타고나는 속성이고, 또 사람에게는 누구나 인정의 욕구가 있는데 그것이 명성을 얻고자 하는 마음의 뿌리다. 그래서 사람이 돈과 지위와 명성을 추구하는 것은 매우 자연스런 일이라 할 수 있다.

그런데 우리가 추구하고자 하는 돈과 지위와 명성이 진정 가치 있는 꿈이고 목표일까? 우리는 여기서 한 가지 생각해 볼 것이 있다.

유치원에 가 보면, 아이들이 먹을 것이나 장난감을 가지고 다투는 모습을 흔히 본다. 대부분은 자기가 하나 더 먹거나 다른 아이보다 더 좋은 장난감을 차지하려는 데서 다툼이 벌어진다. 그러면 선생님은, 서로 사이 좋게 나누어 먹고 돌려가면서 가지고 놀아야 한다며, 더불어 살아가는 지혜를 가르치신다. 그리고 기꺼이 자기 것을 남에게 양보하거나 나누어 주는 어린이에겐 훌륭하다고 칭찬을 해주신다.

그렇다면 우리의 꿈이 단순히 나만을 위해 돈을 벌고, 나만을 위해 지위와 명성을 얻는 것이라면 이 어린이들과 무엇이 다르겠는가? 또 그렇게 살면 한 번뿐인 삶을 마칠 때 아쉬움 없이 잘 살았다는 생각이 들겠는가? 아마 그렇지 않을 것 같다.

그리고 또 하나 중요한 것은, 돈만을 쫓는 사람은 가치를 추구하는 사람만큼 돈을 벌지 못하거나, 자칫하면 돈만 보다가 길을 잃을 수 있다는 것이다. 지위나 명성을 쫓는 것도 마찬가지다.

원균은 이순신 장군과 똑같이 '3도 수군 통제사'라는 지위에 오른 사람이다. 그러나 이순신 장군은 전쟁에 승리해서 나라와 백성을 지켜야 한다는 가치를 추구한 반면, 원균은 출세와 지위를 쫓았다. 그래서 임금과 조정의 비위를 맞추다가 칠천량 전투에서 대패하고 자신도 비참한 죽음을 당하였다.

이순신 장군께서는 전쟁터에 나갈 때 부하들에게 "살려고 하면 죽을 것이요, 죽고자 하면 살 것이다."라고 강조하시는데, 이런 이치는 사회생활에서도 똑같다고 생각한다. 돈을 밝히는 의사와 환자의 생명을 먼저 생각하는 의사 중에 어디로 환자들이 찾아가겠는가? 또 자신의 출세를 앞세우는 공직자와 나라와 국민의 이익을 앞세우는 공직자 중에서 어떤 사람이 더 높이 평가 받겠는가?

돈과 지위와 명성은 따라 오는 것이지 추구하는 것이 아니다. 높은 뜻과 소중한 가치를 향해 매진하라. 그러다 보면 돈과 지위와 명성은 선물처럼 따라올 것이다. 이렇게 얻은 명성이 진정한 명예인 것이다.

사명감이 담겨야
가치 있는 꿈이 된다

　　　　　　나라의 독립을 위해 평생을 바친 김구 선생님의 호는 白凡(백범)이다. 김구 선생님은 백범 일지 서문에 "나는 내가 못난 줄을 잘 안다. 그러나 아무리 못났더라도 국민의 하나, 민족의 하나라는 사실을 알고, 나라를 위해 내가 할 수 있는 일을 쉬지 않고 하였다."라고 썼다. 그래서 선생님께서는 호를 평범한 사람 중의 한 사람이라는 뜻으로 '白凡(백범)'이라 지으셨다. 그러나 민족 독립이라는 사명을 위해 한 평생을 바치셨기에, 스스로는 백범이라 하셨지만 결코 백범이 아니라 이 민족의 해와 달 같은 인물이 되신 것이다.

　　우리는 또 '울지마 톤즈'로 유명한 이태석 신부님을 잘 안다. 이태석 신부님은 원래 의과대학을 졸업한 의사였다. 그러나 신학교에 다시 지원하여 2001년 6월 24일 신부가 되었고, 그해 11월 아프리카에서도 가장 오지이며 내전으로 폐허가 된 남수단 톤즈로 자원해서 갔다. 신부님은 이곳에서 말라리아와 콜레라로 죽어가는 주민들과 나병환자들을 돌보는 의료 활동을 펼치고, 학교를 세워 이들을 일깨워 주었다. 이렇게 헌신적인 의료 활동을 하면서도 정작 자신의 건강을 돌보지 못한 신부님은, 암에 걸려 2009년 1월 14일 48세라는 젊은 나이에 생을 마쳤다. 의사가 되었으면 얼마든지 편하고 행복하게 살 수 있었겠지만, 신부님은 이 세상에서 가장 소외되고 고통 받는 사람을 돌보는 것이 하느님께서 주신 사명이라 생각하고, 그 사명을 충실히 수행하셨다.

사명이란 한자로 '使命'이라 쓴다. 직역하면 '심부름 받은 목숨', 즉 '세상을 위해서 내가 해야 할 일'이란 뜻이다. 그래서 사명감이란, 나를 위해서가 아니라 세상을 위해서 무엇을 하고, 어떻게 살 것인가를 생각하는 것을 말한다. 물론 사람은 나와 내 가족부터 챙기는 것이 당연한 이치고, 또 그것이 우리에게 준 하늘의 첫 번째 사명이기도 하다. 그런데 하늘은 우리에게 할 수만 있으면 나와 내 가족만 잘 사는 데 그치지 말고, 더불어 잘 사는 세상을 만드는 데 기여하는 삶을 살기를 바란다.

사명감은 거창한 구호가 아니라 진실된 행동이다

　　　　　　나는 사명감이란 것이 꼭 나라를 구하고 인류를 위하는 거창한 것만이 아니라고 생각한다. 아무리 사소해도 그것이 나만을 위한 것이 아니라, 남을 위하고 세상 누군가에게 도움이 되는 것이면, 그것은 훌륭한 사명감이라고 생각한다.

　음성에 있는 꽃동네에 들어서면 남루한 차림에 동냥 자루를 짊어진 할아버지 모습의 동상을 만나게 된다. 이 동상은 일본에 징용을 나갔다 돌아온 후, 자신의 몸도 성치 않으면서 얻어 먹을 힘조차 없는 사람들을 다리 밑에 모아 놓고 음식을 동냥해다 먹이던 '최귀동 할아버지'의 모습이다. 오웅진 신부님은 최귀동 할아버지의 이러한 모습을 보고 깊은 감동을 받아 꽃동네를 만들게 되었다고 한다. 나는 최귀동 할아버지야말로 김구 선생님이나 이태석 신부님 같이 사명감을 가지고 가치 있게 세상을 사신 분이라고 확신한다.

내가 깨달은 나의 사명은 '창조와 봉사'다. 나는 어디서 무엇을 하든지, 창조적 발전을 만들어 내는 것이 가치 있는 삶이며, 또 이웃과 나라를 위해서 봉사하는 삶이 또한 가치 있는 삶이라고 생각했다. 이에 대해서는 3부에서 좀 더 이야기하도록 하겠다.

이왕이면
꿈을 크게 꾸어야 한다

　　　젊은이들의 멘토이기도 한 정호승 시인은 "새우잠 자더라도 고래 꿈 꾸라."고 이야기 한다. 나도 여러분이 이왕이면 꿈을 크게 꾸기 바란다. 이것은 단순히 많으면 많을수록 좋다는 식으로 여러분의 꿈을 부풀리려는 것도 아니고, 허황된 꿈을 갖게 하려는 것은 더더욱 아니다. 이것은 그럴 만한 충분한 이유가 있기 때문이다.

　　　취업 포털 커리어가 대기업 인사담당자 258명을 대상으로 설문조사를 한 결과, 78.8%가 취업이력서에 나온 화려한 고스펙과 업무 능력이 상관관계가 없다고 한다. 다시 말하면 직장생활에 필요한 능력이 100이라면 취업 이전에 준비된 것은 자신이 가진 능력의 20% 수준이며 나머지 80%는 입사한 이후 일과 직접 부딪히면서 발휘되는 잠재된 능력과 자세에 달렸다는 것이다.

또 하버드 대학교의 교육심리학 교수인 하워드 가드너는 창조적 거장들의 내면을 연구한 결과, 사람에게는 IQ 테스트만으로는 판단할 수 없는 다양한 재능이 있다는 것을 알아내고, 이를 '다중지능이론'으로 제시하여 큰 공감을 받고 있다.

사실 취업을 위해 준비된 스펙은 이런 다양한 지능 중에 일부만 활용된 것이다. 이제 본격적으로 일을 하면서, 아직 활용되지 않은 다른 지능들을 잘 활용하면 얼마든지 큰 업무성과를 만들어 낼 수 있는 것이다.

꿈이 커야 잠재력을 많이 끌어낼 수 있다

그렇다면, 사회생활에서의 성패는 당연히 아직 드러나지 않은 80%의 잠재력을 누가 얼마나 잘 끌어내느냐에 달려있는 것이다. 그런데 이 잠재된 능력을 얼마나 끌어내느냐는 바로 꿈의 크기에 결정적으로 좌우된다. 꿈이 작은 사람은, 잠재력을 조금밖에 쓰지 못하고 많은 잠재력을 글자 그대로 잠재워 버리는 데 반해, 꿈이 큰 사람은, 이미 드러난 스펙적 요소에서는 뒤처졌더라도 아직 드러나지 않은 잠재력을 최대한 끌어내서 얼마든지 사회생활에서 성공하고 인생 역전도 만들어 낼 수 있는 것이다.

내가 육군본부 정책홍보실장으로 부임했을 때, 육군에서는 국민에게 가까이 다가가는 군이 되고자 '강한 친구 대한민국 육군'이라는 슬로건을 만들었다. 나는 이런 취지를 구현하고자 과거와는 차원이 다른 획기적이고 과감한 홍보전략을 세우고, 지상군페스티벌 행사 확대, 전방지역의 과감한 개방, GOP 안보토론회와 대국민 육군정책설명회 개최 등 창의적인 정책홍보활동을 적극 실시하였다.

특히 대전엑스포 공원에서 열렸던 '지상군페스티벌 행사'를 계룡대 활주로로 옮겨서 100만 명이 찾아오는 민·군화합의 대축제로 만들자는 매우 도전적인 목표를 세웠다. 그리고 행사 콘텐츠도 국민친화형으로 혁신하고, 전에는 시도하지 않았던 대대적인 홍보활동도 하였다. 페스티벌이 시작되자 인근 교통이 마비될 정도로 관람객이 넘쳤고 목표는 초과달성 되었다.

육군의 이러한 혁신적이고 활발한 정책홍보 활동은 민간에서까지 높이 평가 받아, 한국경제신문사가 주최하는 2007년도 명품브랜드 대상 시상식에서, 우리 육군이 정부기관을 대표하여 '명품브랜드 대상'을 수상하기도 하였다. 우리의 큰 꿈이 놀라운 성과를 만들어 냈던 것이다.

크고 좋은 꿈이 더 좋은 세상을 만든다

물론 우리가 세상을 살면서 무언가를 크게 이루는 것만이 꼭 의미가 있는 것은 아니다. 꽃동네의 최귀동 할아버지같이 다리 밑 인생을 살았어도 그 울림은 얼마든지 클 수 있다.

그럼에도 불구하고 여러분이 꿈을 크게 꾸기를 바라는 것은 이런 뜻이 있다. 예를 들어 김밥 장사를 하던 할머니가 전 재산 1억 원을 기부하였고, 사업을 해서 돈을 번 사업가가 전 재산 100억 원을 기부했다고 하자. 자기의 전 재산을 사회에 기부했다는 점에서 두 분은 똑같은 가치를 가진다. 그런데 사회 차원에서 보면, 1억 원으로는 가난한 대학생 10명을 공부시켜 줄 수 있는 데 반해, 100억 원으로는 가난한 대학생 1,000명에게 혜택을 줄 수 있는 것이다.

사랑하는 20-30 청춘들아,

이왕이면 꿈을 크게 가져라. 돈을 많이 벌어서 이렇게 쓴다면 세상을 위해서나 자기를 위해서나 얼마나 좋은 일이겠는가? 나는 여러분 중에서 경주 최 부자 같고, 마크 저커버그 같은 부자가 많이 나오길 진심으로 바란다. 또 사회의 각 분야에서 큰 꿈을 가진 훌륭한 인재들이 많이 나와서, 여러분에게 많은 실망을 주었던 기성세대의 잘못을 반복하지 말고 정말 좋은 세상을 꼭 만들어주기 바란다. 그리고 세계적으로 한국의 이름을 널리 알리는 큰 인물들이 많이 많이 나와주기 바란다.

셋째 조언

인격에
먼저 투자하라

왜
인격인가?

요즈음은 사회나 군대나 인성교육이 화두다.

사람이 많아지고, 복잡한 도시 생활 위주로 삶의 패턴이 정착되면서 사람이 소중한 존재라는 인식이 많이 희박해졌다. 거기다 경쟁이 치열한 세상이 되다 보니, 가정, 학교, 사회 모두 인성교육보다는 스펙 키우기에만 급급하게 되었고, 소홀한 인성교육은 자식이 부모도 몰라보고, 학생이 선생님을 함부로 대하는 부메랑이 되었다. 그래서 2014년에는 급기야 '인성교육진흥법'까지 제정하게 되었다.

우리가 세상을 살아가려면 능력이 당연히 있어야 한다. 그러나 사람에게 있어서 우선 필요한 것은 능력보다 '사람다움'이다. 소금이 짠맛을 잃으면 소금이 아니듯이 사람도 '사람다움'이 없으면 진정한 사람이 아닌 것이다.

우리는 로빈슨 크루소가 아니다

그럼 '사람다움'이란 무엇인가?

나는 '사람다움'의 본질과 의미는, 우리 인간이 공동체를 이루어 사는 사회적 동물이라는 데서 찾아야 한다고 생각한다. 마이클 샌들의 저서 '정의란 무엇인가?'란 책은, 우리나라에서 밀리언 셀러가 될 만큼 정의 신드롬을 일으켰었다. 이 책에서 저자는, 정의를 바라보는 3가지 시각, 즉 행복 극대화, 자유추구, 미덕추구를 이야기하면서, 자신은 공동체주의자로서 공동선과 미덕이 발현되는 세상을 만드는 것이 정의로운 것이라고 주장하고 있다.

나는 마이클 샌들의 생각에 전적으로 공감한다. 사람은 큰 틀에서, 자연세계의 일부로서 '적자생존適者生存'의 원리에 따라 서로 경쟁을 해야 하지만, 동시에 사회적 동물이기 때문에 공통체 속에서 서로 협력하며 공동선을 추구할 때, 모두가 함께 더 큰 평화와 풍요로움과 행복을 누릴 수 있는 것이다.

만일 로빈슨 크루소처럼 무인도에서 혼자 산다면 어떻게 살아도 아무런 문제가 없을 것이다. 그러나 사람은 공동체를 이루어 살아야 하기 때문에 더불어 사는 지혜가 꼭 필요하다. 이러한 필요에 따라 공동의 질서와 규율이 만들어졌고, 공동체를 이루는 각 구성원들은 함께 어울려 살 줄 아는 자질을 갖추는 것이 필요해졌다. 이처럼 공동체를 이루어 함께 살아가는 데 필요한 개인적 자질이 '사람다움'의 본질이며 이것이 바로 인성이라고 나는 생각한다.

인성을 넘어 인격으로

인성과 인격은 용어상 큰 차이가 없고 실제도 많이 혼용해서 쓴다. 그런데 나의 생각으로는, 인성이라는 용어는 '인성교육진흥법'이 만들어진 배경에서도 알 수 있듯이, 학교와 사회로부터 교육을 받아서 만들어지는 것이라는 데 초점이 맞추어진 것이고, 인격은 이러한 인성을 바탕으로 하여 스스로가 이것을 더욱 갈고 닦아서 '사람다움'에 품격과 향기가 더해진 개념이라고 생각한다. 예를 들면 많은 사람의 귀감이 되어야 할 사회 지도층, 군대의 지휘관, 학교 선생님 같은 분들은 인성이 갖추어진 것은 기본이고, 이것이 더욱 성숙하고 품격이 더해져서 '고매한 인격자'가 되어야 한다고 표현하는 것이 더 적절하다.

여러분은 이제 성인이 되었기에 사람다움의 격을 스스로 높이고 다듬어야 한다. 다시 말해 부모님이나 선생님들에 의해 만들어진 인성을 넘어서 여러분 스스로가 이 인성을 더욱 잘 갈고 닦아 사람다움의 품격과 향기가 더해진 인격을 갖추어야 한다는 말이다.

인격이 인생에서 왜 중요한지를 정리해 보면 다음과 같다.

인격이 인생에서 중요한 이유

첫째, 인격이 훌륭해야 존경받는 큰 성공을 이룰 수 있다.

둘째, 능력을 어떻게 쓸 것인가를 결정하는 것은 인격이다

셋째, 훌륭한 리더십도 인격에서 나온다

넷째, 인격자가 되는 것은 인생의 궁극적인 목표다

인격이 훌륭해야 존경받는 큰 성공을 이룰 수 있다

우리는 토끼와 거북이의 우화를 잘 안다. 토끼와 거북이가 달리기 내기를 하였는데, 잘 뛰는 토끼가 목표 가까이 먼저 갔지만 느린 거북이를 얕보고 잠이 들었다가 거북이에게 졌다는 이야기다. 이 우화가 우리에게 주는 메시지는 매사에 자만하지 말고 끝까지 최선을 다해야 한다는 것이다.

그런데 나는 이 이야기에서 또 다른 메시지를 본다. 만일 부하가 둘인 상사가 어떤 일을 부하에게 시키려고 한다. A는 토끼 같은 부하로, 능력은 B보다 낮지만 토끼처럼 자기 멋대로 엉뚱한 잘못을 할 수 있는 사람이다. 반면, B는 거북이 같은 부하로, A보다 능력은 좀 떨어지지만 딴짓 하지 않고 상사의 지침을 틀림없이 수행할 것이란 믿음

이 가는 사람이다. 그렇다면 상사는 어떤 부하에게 일을 시키겠는가?

사회적 성공을 이루기 위해서는 늘 두 가지를 평가받게 된다. 하나는 '그 사람 능력은 있어?'와 다른 하나는 '그 사람 됨됨이는 어때?'이다. 사람의 됨됨이는 바로 인격적으로 괜찮은 사람인가를 평가하는 것이다. 하는 일의 종류나 지위에 따라 어느 것에 더 비중을 둘지가 결정되겠지만, 지위가 올라가고 책임이 커질수록 인격적 요소에 대한 비중이 커지게 된다. 정부의 중요 공직자를 임명할 때 인사청문회를 해서 도덕성을 검증하는 것이 바로 이런 이유다.

1998년 5월, 워싱턴대학교에서 세계적인 부호 워런 버핏과 빌 게이츠의 초청강연이 있었는데, 강연을 듣고 한 학생이 "신보다 더 부자가 된 비결을 알고 싶습니다."라고 질문을 했다. 그러자 버핏은 망설임 없이, "아주 간단합니다. 비결은 좋은 머리가 아니라 인격입니다."라고 답변을 했고, 빌 게이츠도 "버핏의 말에 100% 동의합니다."라고 말하였다.

능력을 어떻게 쓸 것인가를 결정하는 것은 인격이다

정보화 시대가 되면서, 우리 사회는 카드 정보 유출, 금융사 홈페이지 마비 등 각종 해킹사건으로 몸살을 앓게 되었다. 이러한 사회적 몸살을 일으키는 해커들은 우리 사회의 암적 존재로 인식되었다. 그런데 이런 해킹 사건이 2014년 들어서 절반 이하로 줄어들었는데, 그이유는 해커들이 제도권으로 편입되면서 해커 잡는 해커 즉 화이트 해커로 활동하기 때문이라고 한다. 이들의 능력은 똑같은데 음지에서 잘못 쓸 때는 사회악이 되었고, 양지로 나와 화이트 해커로 활약을 하니까 우리 사회를 지키는 파수꾼이 된 것이다.

이렇듯이 능력은 무조건 좋은 것이 아니라 그 자체로는 가치 중립적이다. 능력은 어디에 어떻게 쓰느냐에 따라 약이 될 수도 있고 독이 될 수도 있기 때문이다. 그런데 이 능력을 어디다 어떻게 쓸 것인가를 결정하는 것은 바로 인격이다. 그래서 우리 선조들은 인격이 능력보다 앞서야 한다고 가르치셨고, 이 가르침은 지금 이 시대에도 반드시 필요한 덕목인 것이다.

훌륭한 리더십도 인격에서 나온다

특히 다른 사람을 이끌고 가야 할 리더에게는 무엇보다 인격이 중요하다. 리더가 조직을 잘 이끌기 위해서는 구성원들로부터 존경과 신뢰를 받아야 하는데, 구성원들이 리더를 존경할지 안 할지는 리더의 능력보다 인격을 보고 결정하기 때문이다.

이순신 장군께서 나라를 구할 수 있었던 것도, 장군께서 탁월한 군사적 식견과 능력을 가지기도 했지만, 그것보다도 부하와 백성을 진심으로 아끼고, 불의와 타협하지 않고 항상 바르게 살며, 오직 나라의 안위만을 생각하는 고매한 인격의 소유자였기 때문이다. 이러한 장군의 훌륭한 인격에 감동하여, 모든 부하와 백성들이 장군의 말씀이라면 목숨도 아끼지 않고 기꺼이 따랐던 것이다.

리더란 기본적으로 자신이 일을 하는 사람이 아니라, 부하들이 자신의 뜻에 따라 일을 하도록 만드는 사람이다. 그래서 부하들이 마음으로부터 리더를 존경하고 신뢰하여 스스로 따라 오도록 하여야 하는데, 이런 힘은 리더의 소프트파워, 즉 인격에서 나온다.

나는 장교이며 지휘관으로서의 막중한 소임을 완수하기 위해 능력을 키우는 노력을 많이 기울였지만, 군 생활 동안 크고 작은 리더 임무를 수행할 때마다, 리더는 능력을 키우는 것보다 인격을 우선 잘 갖추어야 한다는 선조들의 가르침과 사관학교의 교훈을 항상 명심하였다. 내 삶을 돌아볼 때 이러한 선조들과 사관학교의 가르침은 틀리지 않았다.

인격자가 되는 것은 인생의 궁극적 목표다

나는 앞에서 사회생활을 하는 데 인격이 정말 중요한 자산임을 강조하였다. 그런데 인격은 성공하는 삶을 살기 위한 자산이기도 하지만, 그 이전에 인격적인 사람이 되는 것은 우리 인생의 궁극적 목표임을 잊으면 안 된다. 훌륭한 인격을 갖춘 사람이 되는 것은 그 자체가 우리가 인생을 잘 살아야 하는 목적인 것이다.

우리가 꽃을 볼 때 모양과 색깔도 고우며 그윽한 향기까지 머금은 아름다운 꽃을 보면, 마음이 환해지고 동화 속 세상에라도 온 듯한 느낌까지 받는다. 또 과일을 볼 때 흠 하나 없이 실하고 향내가 물씬 나는 탐스런 과일을 보면 보기만 해도 저절로 침이 넘어가게 된다. 그런데 꽃들이 아름답게 꽃을 피우고, 과일나무가 탐스럽게 과일을 맺는 것이 비싸게 팔리려고 그런 것일까? 아니다. 그것은 인간의 욕심이지 그들은 그저 아름답게 꽃 피우고, 탐스럽게 열매 맺는 것이 자연세계를 이루는 하나의 생명체로서 당연히 해야 할 본분이기에 그렇게 할 뿐이다.

사람들은 스스로 만물의 영장이라고 한다. 사람은 자연세계에서 유일하게 이성과 자유의지를 가지고 문명을 창조하는 존재이니 맞는 말이다. 그렇다면 스스로 위대한 존재라고 자부하는 우리 인간은 어떻게 우리 스스로를 가꾸어야 할까? '국화꽃 한 송이를 피우기 위해 봄부터 소쩍새는 그렇게 울었나 보다'라고 노래한 어느 시인의 시처럼, 우리도 사람다운 아름다움과 향기가 있는 사람이 되도록 자신을 잘 가꾸고 키워야 하지 않을까?

얼굴에는 늘 미소가 떠나지 않고, 말은 따뜻하고 품격이 있으며, 겸손하고 세련된 예의로 사람을 편안하게 해주고, 기쁨과 슬픔을 함께 나눌 줄 아는 인간적인 푸근함을 가진 사람, 그래서 누구나 가까이 하고 싶은 그런 인격적인 사람이 되는 것은, 사람이라면 누구나 추구해야 할 가치이며 궁극적인 목표인 것이다.

공자, 석가, 예수 등 모든 인류의 스승들이 하신 말씀을 한마디로 요약하면, 바로 사람다운 아름다움과 향기가 있는 '인격적인 사람이 되라'는 것이라고 나는 확신한다.

인격은 마음의 식스팩을 만드는 것이다

요즈음 젊은이들은 몸 가꾸기를 잘한다. 군더더기 하나 없는 근육질 몸매에 식스팩까지 확연히 드러난 몸매는 내가 봐도 정말 멋있다. 우리가 인격을 갖춘다는 것은 마음에다 이런 식스팩을 만드는 것과 같다. 젊은 시절에 쓴 나의 일기에는 인격에 대한 이야기가 가장 많이 나온다.

내가 중위 때인 1978년 9월 11일의 일기에는 이렇게 쓰여있다.

"인격수양에 등한하고 있다. 인간의 최고 가치인 인격, 최고의 자산인 인격, 고매한 인격의 소유자가 되어야 한다. 진眞, 선善, 미美, 성聖을 고루 갖춘 참다운 인격자가 되어야 한다. 이것은 오로지 절차탁마에 의해서만 가능한 것이다. 자신에게 엄격해야 한다."

바람직한 인격을 만드는 요소
첫째, 생명 존중 의식
둘째, 배려의 마음
셋째, 바르게 사는 용기
넷째, 겸손한 자세
다섯째, 포용과 절제
여섯째, 균형과 조화의 감각

첫째, 생명 존중 의식

사람에게 있어 소중한 것이 많지만 생명만큼 소중한 것은 없다. 우리의 생명은 부모님의 하늘 같은 사랑과 은혜를 입어 오는 것이며, 우리가 잘 인식하지 못한다 하더라도 그 안에는 조상 대대로의 피와 얼이 들어 있고, 하늘의 뜻과 온 세상의 기운이 또한 담겨 있는 것이다. 그래서 사람의 생명은 그 자체로 더할 나위 없이 소중한 것이다.

생명生命은 '살아 있는 목숨'이란 뜻과 '살라는 명령'이란 뜻이 함께 있다. 우리가 수만 명이 숨진 재난 현장에서도 생존자 한 사람을 구해내면 뛸 듯이 기뻐하며 환호를 보내는 것은, 사람의 생명이 그만큼 소중하기 때문이다. 인격을 갖춘다는 것은 한마디로 사람을 사랑하는 것이고, 사람을 사랑한다는 것은 무엇보다도 사람의 생명을 소중하게 생각하는 것이다.

나도 이런 생명존중의 마음을 잘 가져야 한다고 늘 생각했다. 그래서 지휘관을 하면서 부하들의 안전이나 건강을 더 열심히 돌보게 되었다. 생명존중의 마음이야말로 사람이 가져야 할 마음 중에 으뜸이다.

둘째, 배려의 마음

내가 배웠던 초등학교 교과서에는 '의좋은 형제'란 이야기가 있었다. 형제가 함께 벼농사를 지어 똑같이 나누었다. 그런데 형은, 동생이 결혼해서 갓 살림을 차렸기에 이것저것 장만해야 할 것이 많을 것이라 생각하고, 밤에 몰래 자기의 볏단을 동생의 낟가리에 옮겨 놓기 시작했다. 한편 동생은, 형님네는 애들까지 있어서 많은 곡식이 필요할 거라 생각하고 자기 몫의 볏단을 형님네 낟가리로 옮겼다. 이렇게 서로 볏단을 옮기던 형제는 중간에서 만나게 되었는데, 나보다 다른 형제의 입장을 먼저 생각하는 따뜻한 형제애를 확인하며 서로 끌어 안고 감격의 눈물을 흘린다는 이야기다. 참으로 따뜻한 배려의 마음이 아닐 수 없다.

사람에게 인격이 필요한 이유가 다른 사람과 함께 더불어 살아가기 위해서인데, 그러기 위해서는 다른 사람을 배려하는 마음을 가지는 것이 무엇보다 필요하다. 사람은 서로 관계를 맺고 어울려 살아간다. 이럴 때 서로 의지가 되고 더 큰 힘을 만들어 낼 수 있기 때문이다. 그렇지만 사람은 성장환경, 가치관, 이해관계 등이 서로 다를 뿐만 아니라, 모두가 자유의지를 가진 독립적인 인격체이기 때문에 두 사람만 모여도 필연적으로 이견과 갈등이 생기게 된다. 그래서 이런 이견과 갈등을 원만히 해결하고 공감대를 잘 만들 수 있도록, 서로의 다름을 인정하고 상대방의 입장을 나의 입장과 똑같이 존중할 줄 아는 역지사지의 마음이 매우 중요하다. 이것이 바로 배려다. 이런 배려의 마음을 가지고 상대방 입장에서 한 번만 생각해도 인간관계에서 생기는 갈등의 90%는 바로 해소될 수 있다.

배려의 마음이 꼭 필요한 또 하나의 이유는, 우리 사회에서 소외되고 불쌍한 사람들을 눈이 아니라 가슴으로 보기 위해서다. 이러한 배려의 마음이 우리를 봉사와 나눔으로 이끄는 원동력이다. 김수환 추기경님도 "우리에게 진정한 아침은 해가 떴을 때가 아니라, 지나가는 사람이 형제로 보일 때"라고 말씀하셨다.

나는 성인이 되면서 나이를 먹는다는 것은 어떤 의미인가에 대해서 생각해 보았다. 물론 성인이 된다는 것은 자신의 문제에 대하여 스스로 판단하고 행동하며, 그 결과에 대해서 스스로 책임지는 독립된 인격체가 되는 것이다. 그런데 나는 그것에 앞서, 세상과 다른 사람에 대한 이해와 배려의 마음이 커지는 것이어야 한다고 생각했다. 그렇지 않으면, 그것은 생물학적 나이는 먹었을지라도 인격적 나이는 먹은 것이 아니라고 생각했다.

나는 어떻게 배려해야 할지에 대한 방법을, 예수님이 말씀하신 "네가 대접 받고 싶은 데로 남을 먼저 대접하라"는 가르침과, 공자님이 말씀하신 "己所不欲勿施於人(기소불욕물시어인)" 즉 "네가 싫은 것은 남에게 행하지 마라"는 가르침을 믿고 따르는 것에서 찾았다.

그랬더니 먼저 인사하고, 먼저 양보하고, 먼저 사과하고, 먼저 베풀고 하는 것들을 자연스럽게 하게 되고, 언제나 내 주변의 약자를 먼저 살펴볼 수 있었다.

물론 우리가 살아가는 과정에서 대접하고 돌려 받고 하는 것은 은행에 돈 맡겼다가 찾는 것처럼 계산이 분명한 것은 아니다. 하나 하나의 경우로 보면 먼저 대접한 만큼 안 돌아올 수도 있고, 돌아와도 늦게 돌아오거나, 어떤 것은 아예 안 돌아올지도 모른다.

그러나 지금까지 살면서 나는 분명하게 확인할 수 있었다. 인생 전체로 보면, 이러한 예수님과 공자님의 가르침은 결코 나에게 손해 보게 하지 않았을 뿐만 아니라, 오히려 몇 배로 큰 이익이 되어 돌아오게 하였다. 그리고 이것은 비단 나뿐만이 아니라, 훌륭하게 세상을 살았던 사람들의 이야기에도 늘 나오는 이치다.

우리 한번 생각해 보자. 혹 돌려 받지 못할지 모르지만 기꺼이 먼저 주는 사람이 잘 될까? 아니면, 절대 손해보지 않겠다며 받은 뒤에 답례만 하는 사람이 잘 될까? 그리고 먼저 주는 사람이 더 행복할까? 아니면 받은 뒤에 돌려만 주는 사람이 더 행복할까?

나는 이 세상에서 받지 못하는 것은 하늘에서 갚아 준다는 것을 믿는다. 그리고 내가 돌려 받지 않으면 내 자식에게라도 돌아간다는 선조들의 가르침을 또한 믿는다. 여러분의 부모님이 지금 어딘가에서 자선을 하고 봉사를 하신다면, 거기에는 자식들을 위한 마음이 들어가 있다는 것을 꼭 알기 바란다.

셋째, 바르게 사는 용기

이순신 장군께서 발포 만호 시절, 오동나무를 달라는 직속 상관의 요구를 나라의 재산이라 사사로운 목적으로 쓸 수 없다며 거절하고, 고향친구인 유성룡이 이조판서 율곡을 한번 만나 보라는 권유를 했을 때, 그가 인사권을 가진 이조판서 자리에 있는 동안은 만나지 않겠다며 사양한 것은 잘 알려진 일이다. 장군의 이런 올곧은 성품이 전쟁 중에도 당리당략을 앞세우던 조선사회에서 나라를 구하는 힘이 되었다.

바르게 사는 것은 사회공동체를 이루는 구성원 모두의 의무다. 구성원들이 바르게 살 때 사회적 신뢰가 쌓이고, 공동체를 건강하게 발전시키는 기반이 만들어지며, 개인적으로도 삶이 당당해지고 높이 날 수 있는 힘이 생기는 것이다. 그래서 우리는 정직하고 도덕적이며, 공과 사를 분명히 해야 한다. 그리고 불의하고 부정한 청탁, 유혹, 외압과도 단호하게 선을 그을 수 있어야 한다. 그러기 위해서는 이순신 장군이 했던 것처럼 개인적인 불이익도 감수할 수 있어야 한다. 그래서 바르게 사는 것은 용기인 것이다.

특히 나라의 일을 하는 공직자에게는 '바르게 사는 용기'가 무엇보다 중요하다. 나라가 잘되고 못되고는 무엇보다도 공직사회가 얼마나 투명하고 공정하며, 부정부패에 물들지 않았는가에 달려 있다는 것이 역사의 교훈이다. 나는 국방대학교 총장 시절, 교육을 받으러 오는 군과 정부의 고위공직자들이 이순신 장군의 정신을 꼭 배워야 한다는 생각으로, 안보대강당의 이름을 '충무대강당'이라 바꾸고, 그 취지문을 강당 입구에 새겨 놓았다.

육사생도들은 매일 아침 "나는 안일한 불의의 길보다 험난한 정의의 길을 택한다."는 사관생도 신조를 복창한다. 임관을 해서 공직생활을 본격적으로 해보니 이 말의 의미를 확실히 깨닫게 되었다. 나는 38년간 공무를 수행하면서, 공무를 바르게 함은 물론 군대와 장교의 명예에 누를 끼치는 일이 없도록 하려고, 사관생도 때 복창했던 신조를 늘 마음에 새기며 살았다. 계급과 지위가 올라가면서 바르게 사는 용기의 중요성이 더 커져서, 대령 때부터는 나의 다짐을 새로 만들어서 집 세면장 거울과 사무실 책상에 붙여 놓고 항상 보았다.

바르게 사는 용기는 공동체의 일원으로서 가져야 할 의무인 동시에, 자기 자신을 지켜주는 최후의 보루임을 공직생활 동안 많이 볼 수 있었다.

넷째, 겸손한 자세

조선조 초기 명제상이었던 맹사성은 열아홉 살에 장원 급제하여 파주 고을 원님이 된 사람이다. 맹사성이 하루는 고승인 무명선사를 찾아가서 고을을 다스리는 덕에 대해서 물었더니, 선사는 "나쁜 일을 하지 않고 착한 일을 많이 하면 됩니다."라고 대답하였다. 대단한 가르침을 기대했던 맹사성은 실망해서 자리를 박차고 일어섰다. 그랬더니 스님께서 차나 한잔 하고 가라며 맹사성을 붙잡아 앉히고는, 찻잔이 넘치도록 물을 계속 따랐다. 그러자 맹사성이 "스님, 찻잔이 넘칩니다. 그만 따르시지요."라고 말하자, 스님께서는 "찻잔이 넘쳐 바닥을 적시는 것은 알면서, 지식이 지나쳐서 인품이 망가지는 것은 왜 모르는가?"라고 말하였다. 크게 깨달은 맹사성은 이후 항상 자신을 낮추는 겸손한 자세를 잃지 않음으로써 정승의 자리까지 오르고, 조선조 문화창달에 크게 기여하는 인물이 되었다.

사회생활을 하다 보면 능력은 뛰어난 사람인데 사람들로부터 별로 환영받지 못하는 사람이 있다. 그 이유의 대부분은 겸손하지 않은 데 있다. 우리나라 속담에도 '벼는 익을수록 고개를 숙인다.'는 말이 있고, 성경에는 '누구든지 자신을 높이는 사람은 낮아지고, 자신을 낮추는 사람은 높아진다'고 했다. 겸손함이란 남을 높이고 자신은 낮추는 것인데, 역설적이게도 사람을 더 돋보이게 하고 다른 사람들의 존경과 지원을 끌어내는 힘이 있다.

나도 책을 읽거나 신앙 생활을 하면서 사람은 겸손해야 된다는 말을 많이 들었기에 초급 장교 때부터 겸손을 많이 생각했다. 그리고 나이가 들면서 진정한 겸손은 자신을 낮추는 자세는 물론 스스로가 부족한 것이 많은 사람이라는 것을 진정성 있게 깨닫는 것임을 알게 되었다. 예로부터 정말 공부를 많이 한 사람들은 한결같이 아는 것이 없다고 말하는데, 알면 알수록 모르는 것이 많다는 것을 진정으로 깨닫기 때문이다. 그래서 그들은 더 많이 배울 수 있었던 것이다.

다섯째, 포용과 절제

– 포용에 대하여

꽃에는 벌이나 나비가 날아든다. 벌과 나비를 불러 모으는 것은 꽃의 화려한 겉모습이 아니라 꽃 속에 들어 있는 꿀과 향기다. 나는 인격의 요소 중에서 벌과 나비를 불러 모으는 향기 같은 요소는 바로 포용력이라고 생각한다. 사람에게는 포용력이 있을 때 그릇이 커지고 주변에 사람이 모이는 법이다. 그래서 포용력은 리더가 되고 큰 재목이 될 사람에게 특별히 더 요구되는 인격요소다.

우리나라 역사상 최고의 국가발전과 태평성대를 이룬 세종대왕의 리더십은 모든 리더들의 귀감이다. 그런데 세종대왕께서 이런 위대한 업적을 만들 수 있었던 가장 핵심적인 리더십 요소는 바로 포용력이라는 데 많은 사람들이 동의한다. 세종대왕의 바다 같은 포용력이 인재들을 불러모으고 충성을 다하게 하였으며, 또 반대 의견도 기꺼이 들음으로써 최고의 중지를 모을 수 있었던 것이다.

리더뿐만 아니라 보통 사람들의 삶에서도 포용력의 유무가 사람을 모이게도 하고 멀어지게도 한다. 여러분 주변의 친구들만 보아도 금방 알 수 있을 것이다. 자기 말만 하는 사람과 만나고 싶은가? 아니면 내 말을 잘 들어주는 사람과 만나고 싶은가? 또 조그만 흠이나 실수도 꼭 따지고 화내는 사람과 사귀고 싶은가? 아니면 너그럽게 이해하고 감싸주는 사람과 사귀고 싶은가?

나는 포용력에 대해 이렇게 생각을 했다. 똑같은 돌이 물에 떨어졌는데, 하나는 조그마한 옹달샘에 떨어졌고 하나는 큰 호수에 떨어졌다. 조그마한 옹달샘은 작은 돌 하나가 떨어졌는데도 흙탕이 일고 요동을 칠 것이다. 그러나 큰 호수는 물 몇 방울 튀고는 별 표시가 안 날 것이다. 사람도 마찬가지다. 내가 다른 사람을 바꾸기는 매우 어렵거나 아예 불가능하다. 그러나 내 그릇은 얼마든지 키울 수 있다. 포용력은 바다처럼 사람을 크게 만들고 향기처럼 사람을 끌어들이는 인격의 꽃이다.

- 절제에 대하여

포용과 더불어 큰 인물이 되기 위해 필요한 또 하나의 덕목은 바로 '절제'다. 과거에 이런 광고 문안이 있었다. "모두가 'Yes'라고 말할 때 'No'라고 말할 수 있는 사람이 되어야 한다." 모두가 할 수 없는 것을 하겠다고 나서는 것은 참으로 대단한 용기고 소신이다. 큰 인물이 되기 위해서는 이런 소신과 용기가 반드시 있어야 한다. 그런데 여기에 그치면 안 된다. 이런 소신과 용기가 돈도 벌고 높은 지위와 명성도 얻게 할 수는 있다. 그러나 이런 소신과 용기가 돈과 지위와 명성을 끝까지 지켜주지는 못한다. 돈이나 지위나 명성을 가진 사람들이 잘못되는 것은 용기와 소신이 없어서가 아니라 절제하지 못하기 때문인 경우가 많다. 남이 하지 못하는 것을 하기도 쉽지 않은 일이지만, 정말 어려운 것은 할 수 있는 것을 하지 않는 것이다.

절제의 핵심은 '가진 것을 함부로 쓰지 않는 것'이다. 즉 돈 있는 자가 돈을 함부로 쓰지 않고, 권력을 가진 자가 권력을 함부로 쓰지 않으며, 명망 있는 자가 그 명망을 함부로 쓰지 않는 것이다. 그래야 그 돈과 지위와 명망에 흠이 가지 않고, 오래오래 존경받으며 명망이 명예로 이어질 수 있는 것이다. 나는 고위 공직자가 되면서는 항상 책상 앞에 '過猶不及(과유불급)' 즉, '지나친 것은 모자란 것이나 똑같다'라는 논어의 말씀을 붙여 놓고 보았고, 또 남에게는 관용을 베풀되 자신에게는 엄격한 사람이 되어야 한다고 생각했다.

우리가 절제해야 할 또 하나의 요소는 '화를 다스리는 것'이다. 사실 젊은 시절에는 이것이 더 중요한 절제 요소이기도 하다. 많은 사람들이 후회하는 일 중에 하나가 바로 '화를 참지 못한 것'이고, 이것이 결국 본의 아니게 인간관계와 인생 전체를 그르치는 안타까운 결과를 많이 만든다.

세상을 살면서 화나는 일이 없을 수는 없다. 문제는 이 화를 어떻게 잘 다스리냐다. 이 화를 잘 다스릴 줄 알아야 마음의 평화도 얻고, 인간관계도 좋아지며, 궁극적으로 인생의 성공도 만들어 낼 수 있다.

세계적인 명상운동가인 틱낫한 스님이 쓰신 『화』라는 책이 있다. 여기에 보면 '화는 우리의 신체장기 같은 것이어서 억지로 떼어 낼 수 없는 것이니, 화를 울고 있는 아기라고 생각하고 잘 보듬고 달래야 한다'라는 이야기가 나온다. 공감이 가는 말이다.

나도 감정을 잘 다스릴 줄 알아야 한다는 생각을 늘 했다. 나는 화를 내는 것은 결코 문제 해결에 도움이 되지 않으며, 내가 화내는 수준의 사람이 되는 것이야말로 나의 자존심을 진짜로 상하게 하는 것이라고 생각했다. 화내는 것도 일종의 습관이다. 그래서 나는 화가 나더라도 일단 좀 참으며 위에 말한 것들을 생각해 보고, 또 화나는 대상이 과거에 잘했거나, 그에게 감사한 일은 없는지를 생각하면 화가 잘 관리되었다.

그런데 화를 잘 다스리는 왕도는 결국 훌륭한 인격을 갖추는 것이라고 생각한다. 배려하는 마음과 바다같이 넓은 포용력으로 사람을 대하고, 언제나 감사하는 마음을 가지는 사람이 되면, 화날 일 자체도 많이 생기지 않고, 생기더라도 금방 풀 수 있게 된다. 나는 화를 잘 다스렸기에 내 인생도 잘 풀리게 되었다고 생각한다.

여섯째, 균형과 조화의 감각

나는 앞에서 인격의 다섯 가지 요소에 대해서 이야기하였다. 그런데 우리가 이런 요소들을 잘 갖추면서 빠뜨려서는 안 될 요소가 있다. 바로 균형과 조화의 감각이다. 가끔 방송에 보면, 특정 식품 하나가지고 건강을 다 지키는 것처럼 말하는 것을 보는데, 이것들은 어디까지나 일정 부분에 한해서만 사실이고, 만병통치약 같은 식품은 세상에 없는 것이다. 의사들이 한결 같이 말하는 건강 식단은, 편식하거나 과식하지 말고, 이것저것 골고루 적절한 양을 먹으라는 것이다. 균형과 조화의 감각은, 우리가 마음을 쓸 때도 이런 올바른 식사 습관 같이 어느 한쪽에 치우치거나 모자람이 없이 균형을 잘 유지하고, 또 다른 요소들과 조화를 이루는 것을 말한다.

마음을 쓰거나 일을 할 때, 균형과 조화의 감각이 없으면 긍정적인 요소에만 치우치거나 독단적인 논리의 함정에 빠지게 되고, 반대의견이나 문제점에 대한 대책을 충분히 수립할 수 없게 된다. 그래서설득력도 떨어지고 나중에 많은 문제에 봉착하게 된다. 그리고 균형과 조화의 감각이 없으면, 세상을 넓고 다양하게 보지 못하고 인간관계의 폭도 좁아져 큰 인물이 되기 어렵다.

나는 이런 균형과 조화의 감각을 고전인 『중용中庸』을 읽으면서 확실히 깨닫게 되었다. 또 이보다 앞서, 생도시절에 당시 연세대학교철학교수였던 이규호 교수님의 「지성과 중도」라는 칼럼을 읽은 적이있는데, "건전한 지성을 가진 사람이면 과격한 극단주의에 빠져서는 안되며, 맹목적인 충동을 극복하고 이성적인 판단과 행동을 해야 한다. 그리고 중도를 지향한다고 해서 지조 없는 기회주의자가 되거나, 소신 없는 절충주의자가 되어서도 안 된다."는 말씀에 깊은 감명을 받고 늘 마음에 새겼다. 이 칼럼은 지금도 내 독서노트에 기록되어 있다.

특히 리더에게는 이런 균형과 조화의 감각이 더욱 중요하다. 아무리 좋은 일이라 하더라도 리더는 이것이 전체에 미치는 영향을 반드시 따져 보아야 한다. 리더가 조직을 잘 이끌어가기 위해서는 숲과 나무를 동시에 보아야 하고, 현재를 정확히 파악하면서 미래도 꿰뚫어 보아야 하며, 또 구성원들의 개성과 장점을 잘 살리면서도 서로 충돌하거나 갈등하지 않도록 조정하고 통합할 줄 알아야 한다.

사람이 개인적으로는 부처님이나 예수님 말씀대로 얼마든지 용서하고 포용할 수 있지만, 조직을 이끄는 리더의 입장에서는 그렇게 할 수 없다. 그래서 리더는 포용하기보다 균형과 조화의 감각을 가지는 것이 더 어려운 것이다.

균형과 조화의 감각을 가지는 것이 쉽지 않은 일이지만, 젊은 시절부터 매사에 균형과 조화의 차원에서 한 번 더 생각하는 것을 습성화해야 한다. 그런 자세는 틀림없이 여러분의 생각과 행동에 보다 큰 설득력과 공감을 가져다줄 것이며, 무슨 일을 하든 크게 잘못되는 것을 예방하고, 큰일도 무리 없이 잘하게 만들 것이다.

좋은 습관이
훌륭한 인격을 만든다

인격은 행함이고, 갈고 닦는 것이다

여러분은 친구들과 누군가에 대해서 이야기할 때 "이번에 들어온 후배 누구는 참 인사성이 밝더라, 그런데 누구는 선배들한테 예의가 없는 것 같더라." 같은 표현을 쓸 것이다. 이처럼 인격적인 요소는 알고 있는지 여부가 아니라 어떻게 행동하는가를 가지고 평가를 하는 것이다. 인격은 앎이 아니라 행함이기 때문이다.

나는 로마를 여행하면서 산 피에트로 인 빈콜리 성당에서 미켈란 젤로의 작품인 모세상을 보았다. 보통 사람이 보아도 얼굴 표정은 물론 섬세하게 표현된 팔 다리의 근육 하나 하나에서 살아있는 것 같은 생명력을 느낄 수 있었다.

조각가가 이런 작품을 만들기 위해서는 원석을 가져다 자르고, 쪼고, 갈고, 닦는 인고의 과정을 수없이 거쳐야 한다. 이것을 절차탁마라고 한다. 절차탁마切磋琢磨는 중국의 고전인 시경詩經에 나오는 말인데, 높은 학문과 고매한 인격을 갖추기 위해서는 조각가가 조각을 하는 것처럼, 정성되고 끈기 있게 자신을 갈고 닦는 노력을 기울여야 한다는 뜻이다.

"생각이 바뀌면 행동이 바뀌고, 행동이 바뀌면 습관이 바뀌고, 습관이 바뀌면 인격이 바뀌고, 인격이 바뀌면 운명이 바뀐다."라는 명언이 있다. 여기에는 생각이 바뀌어야 모든 것이 바뀔 수 있다는 의미도 있고, 인격이 운명도 바꿀 만큼 중요한 것이라는 의미도 있지만 내가 이 말에서 정말 주목하고 싶은 것은 인격은 습관을 통해서 만들어진다는 것이다.

젊을 때 좋은 습관을 만들어야 한다

사람다움의 기초를 이루는 인성은, 어릴 적에 부모님과 선생님으로부터 "인사 잘해라, 거짓말 하지 마라, 공중도덕을 잘 지켜라."같은 말을 들으며 만들어진 것이다.

그런데 이제 좋은 인성을 넘어 훌륭한 인격을 갖춘 사람이 되기 위해서는, 성인이 되어 사회생활을 본격적으로 시작하는 20대에 스스로가 좋은 습관을 만들어야 한다. 이렇게 스스로의 자각과 노력에 의해서 만들어지는 인격이 진짜 자기의 것이 되며, 인생의 성패를 결정적으로 좌우하게 된다고 나는 생각한다.

그래서 스펙을 키우기 위해 돈과 시간을 투자하듯이, 올바른 인격을 갖추기 위해서도 시간과 노력을 꾸준히 투자해야 한다.

내가 젊은 시절에 열심히 실천하고 준비했던 10가지 인생밑천도, 능력보다는 좋은 인격을 갖추기 위한 것이었다. 이 이야기는 3부에서 좀 더 하겠다.

넷째 조언

끊임없이
공부하라

진짜 공부는
취업 이후부터다

　　　　　　　요즈음은 좋은 직장에 취업하기 위해 대학
1학년부터 준비한다고 한다. 그런데 취업을 한 뒤에도 공부는 계속
해야 한다. 실제 업무를 하는 데 필요한 실무 공부부터 시작해 지위
가 올라갈수록 직무를 수행하는 데 필요한 능력을 계속해서 구비해
야 하기 때문이다.

　　또 요즘은 경영환경의 변화나 과학기술의 발전 속도가 매우 빨라
서 새로운 지식을 끊임없이 받아들여야 하고, 무한 경쟁에서 살아남
기 위해서는 큰 기업은 물론 시골에서 농사를 짓더라도 자기만의 차
별화된 전략을 발전시키고 끊임없이 혁신하지 않으면 안 되는 세상
이 되었다. 이처럼 하루가 다르게 변화하고 치열한 경쟁이 일상화된
현대사회에서 성공하기 위해서는 창조적 인재가 되어야 한다.

성공은 공부를 먹고 자란다

여기 음식점을 운영하는 두 사람이 있다고 하자. 한 사람은 한 푼이라도 더 벌기 위해 밤 10시까지, 또 휴일도 없이 열심히 일했다. 그런데 한 사람은 9시에 식당 문을 닫고, 1시간 동안은 하루를 돌아보면서, 손님들의 요구, 종업원들의 서빙, 재료와 레시피 등 음식점 운영에 대한 것들을 항상 기록하고, 정기 휴일을 정해 놓고 잘 하는 곳들을 찾아 다니며 참고할 것을 살펴 보고 관련 지식들에 대하여 공부도 하는 등 음식점을 개선하는 노력을 지속적으로 하였다. 1년 후 어떤 사람이 더 성공했을 것 같은가?

성공하기 위해서는 일만 열심히 하는 사람이 아니라, 공부를 하면서 일하는 사람이 되어야 한다. 그러면 일만 열심히 하는 사람과는 차원이 다른 성과를 만들어 낼 수 있다. 사실 가성비를 보면 공부만 한 투자가 없다.

나는 공부하는 사람이 되어야 한다는 생각을 도산 안창호 선생님 전기를 읽으면서 배웠다. 도산은 나라가 힘이 없어서 멸망의 길로 가는 것을 지켜보면서, 힘 있는 나라가 되기 위해서는 국민 각자가 지식적 인격적으로 힘 있는 사람이 되어야 하고, 그러기 위해 나부터 열심히 공부 하자라며 평생 공부를 게을리 하지 않으셨다. 그래서 나도 내 역할을 잘하기 위해서는, 폭 넓은 지식을 가진 장교가 되어야 한다는 생각을 생도 때부터 하였다.

그러다가 전방에서 소대장을 마치고, 지금은 없어진 원주 제1부사관학교 교관으로 갔는데, 거기서 학교장이신 심기철 장군님을 만나게 되었다. 이 분께서는 이삿짐의 절반이 책일 정도로 많은 책을 가지고 계셨는데, 이 책들을 눈병이 나면서까지 모두 읽었다고 했다. 나는 심기철 장군님 밑에서 1년여 동안 근무하면서 많은 공부를 하게 되었고, 평생 공부하는 장교가 되자고 다짐하였다.

나는 현역생활을 마치면서 후배 장교들을 위하여 책을 한 권 썼는데, 책 제목이 『성공하고 싶다면 오피던트가 되라』이다.

오피던트Offident란 말은 내가 이 책을 쓰면서 만든 신조어인데, 장교의 Officer와 학생의 Student를 합성한 것으로, 군대에서 성공하고 싶다면 학생처럼 끊임없이 공부하는 장교가 되라는 뜻이다. 이제 본격적인 사회생활을 시작하는 20-30 젊은이들에게도 한마디만 해야한다면, 나는 주저 없이 '끊임없이 공부하는 사람이 되라'고 말할 것이다.

지금부터 하는 공부는 더 잘되고 재미있다

우리나라 젊은이들은 80% 정도가 초등학교부터 대학까지 적어도 16년을 공부한다. 그래서 대학을 졸업하고 취업을 하면 공부로부터 해방되나 했는데, 또다시 공부하라고 하니 짜증이 날지도 모르겠다. 그러나 지금부터 하는 공부는 학생시절에 하던 공부보다는 훨씬 더 잘 되고 재미도 있을 것이니 너무 걱정할 필요가 없다.

이시형 박사가 쓴『공부하는 독종이 살아 남는다』에 보면 "사회인이 되어 하는 공부는 스스로 공부의 필요성을 느껴서 하기 때문에 몰입이 잘 되고, 주입식 공부가 아니라 현실에 바로 응용할 기회가 많아 창의적인 공부가 가능하며, 안목과 식견이 많아서 책만 보면서 공부할 때보다 문제해결 능력을 월등하게 키워줄 수 있다. 또 자신에 대해서 잘 알기 때문에, 스스로 기준을 정하고 주도적으로 시간과 돈을 투자하며 공부할 수 있어서 쉽게 공부할 수 있다"고 했다.

나도 이 의견에 동의한다. 나는 사관학교 졸업성적이 중간 밖에 되지 않는다. 그러나 임관 이후에 했던 공부는 스스로 목표와 계획을 세우고 공부를 하니까 성과도 좋았고 재미도 있었다. 대위 때는 미국으로 고등군사반 유학을 가기 위해 5개월 동안 영어공부를 했는데, 생도때 4년 동안 한 것보다 훨씬 많이 늘었다. 그리고 유학을 가서도 한국군을 대표한다는 사명감을 가지고 공부했더니, 23개국 외국군 장교 중에서 1등을 하여 지역 한인회에서 축하를 해주러 오고, 귀국 후에는 국위를 선양했다고 참모총장 표창까지 받았다.

또 소령 때는 야간에 석사공부를 하였는데, 한미관계나 남북관계 등 국방업무에 당장 필요한 강의를 들으니까 교수님 말씀 하나하나가 귀에 쏙쏙 들어왔다.

그리고 중장 때 국방대학교 총장이 되었는데 이때도 야간에 서울대학교 최고경영자 과정 공부를 하였다.

어떻게
공부할 것인가?

그러면 사회생활을 하면서는 어떻게 공부해야 할까? 나는 여러분들이 큰 인물로 성공하기 위해서는 공부도 전략적 마인드를 가지고 해야 한다는 차원에서 다음 다섯 가지를 이야기하고 싶다.

사회인으로 공부하는 노하우

첫째, T자형 인재가 되어야 한다.

둘째, 외국어 능력을 꼭 가져야 한다.

셋째, 메모하고 자료를 축적하는 습관을 길러야 한다.

넷째, 표현력도 키워야 한다.

다섯째, 체력관리도 공부다.

첫째, T자형 인재가 되어야 한다

T자형 인재는 전문가로서 자신의 전문지식은 물론, 다른 분야에 대해서도 폭넓은 지식을 함께 갖춘 사람을 말하며, I자형 인재는 자신의 분야에만 국한된 지식을 가진 전문가를 말한다. 요즈음은 전문성이 없으면 어디 가서 명함조차 내밀 수 없는 전문화 시대다. 전문성에서 중요한 것은, 그것이 지식이건 기술이건 차별화된 전문성이어야 한다는 것이다. 어설프게 이것저것 손대는 것보다 자기의 강점을 잘 살려서 한 분야에 집중하다 보면 일가견을 가진 확실한 전문가, 즉 I자형 인재가 될 수 있다.

그러나 나는 여러분들이 좀 더 큰 인물이 되고자 한다면 I자형 인재에 머물러서는 안 된다고 생각한다. I자형 인재는 보는 시야가 좁아 융합에서 오는 차원 높은 시너지 효과를 만들어 낼 수 없다. 그래서 진정한 전문가는 그 일을 유지하고 개선하는 수준에 머무르는 사람이 아니라, 혁신적인 발전을 가져오고 새로운 지평을 열 수 있는 창의력을 가진 사람이 되어야 한다.

스티브 잡스가 최초의 개인용 컴퓨터인 매킨토시나 최초의 스마트폰인 아이폰을 세상에 내놓았을 때, 그의 뛰어난 창의력에 전 세계가 감탄하였다. 매킨토시나 아이폰은 IT기기의 단순한 진화가 아니라, 인류생활에 일대 변화를 가져온 놀라운 창조였는데, 스티브 잡스는 스마트폰을 소개하면서, 이것은 정보통신 기술과 인문학의 융합에서 나온 산물이라고 말하였다. 그는 대학교도 한 학기만 다니고 중퇴한 사람이지만, 청강을 통해 철학 등 인문에 대한 공부를 꾸준히 하였다. 그는 또 서예 강의도 들은 적이 있는데, 매킨토시에 사용된 글씨체를 디자인 할 때 이 강의가 큰 도움이 되었다고 한다.

지금 우리나라는 선진국을 따라가는 경제가 아니라 IT 산업을 비롯해서 많은 부분에서 세계를 리드하는 수준에 와 있기 때문에 창조적 능력을 가진 인재를 더 필요로 한다. 창조는 단순한 기술차원의 발전으로는 부족하며, 미래와 인간에 대한 깊은 통찰을 필요로 한다.

그래서 21세기를 살아가는 여러분은, 이런 요구에 맞게 전문지식은 물론, 인문학과 문화 예술까지 아우르는 폭넓은 지식과 감각을 함께 가진 T자형 인재가 되어야 한다. 현대 경영학의 창시자인 피터 드러커도 그의 명저 『프로페셔널의 조건』에서 "어떤 지식체계에 심각한 영향을 미치는 변화는 원칙적으로 다른 지식분야에서 비롯되기 때문에, 전문적인 지식을 갖고 있는 지식인은 4-5년 주기로 새로운 지식을 습득해야 한다"고 강조하고 있다. 내 분야를 획기적으로 발전시킬 창조적 아이디어를 얻기 위해서는, 인문학도 공부하고, 음악회나 미술 전시회도 가보아야 한다. 이것은 공부지 시간 낭비가 아니며, 이런 공부는 대학생 때부터 기반을 다져나가는 것이 좋다.

군대의 장군을 영어로는 General이라고 한다. 그런데 General이 형용사로 쓰일 때는 일반적, 전반적이라는 뜻을 가진다. 군대에서 장군은 실제 이처럼 폭넓은 역할을 해야 하는 사람이다. 내가 생도 때부터 쓰기 시작한 나의 독서 노트에는 역사, 철학, 문학 등 인문학에 대한 내용이 많다. 나는 클래식 음악도 듣고, 해외여행을 하면 그 나라를 대표하는 박물관과 미술관, 그리고 공연도 꼭 보곤 했다. 이러한 소양은 내가 군대만 아는 군인에 머무르게 하지 않고, 누구와도 소통할 수 있고, 군 업무를 창의적으로 추진하는 데 많은 도움이 되었다.

둘째, 외국어 능력을 꼭 가져야 한다

영어를 비롯한 외국어 능력의 필요성은 여러분이 더 잘 알 것이다. 세계공통어인 영어를 잘하면 성공 확률이 기본적으로 2배는 늘어나고, 성공의 차원이 달라질 수 있다. 우리나라의 탁구 국가대표선수였던 유승민 선수가, 한국선수로는 두 번째로 IOC 선수위원이 되었는데, 유승민 선수의 탁월한 영어실력이 크게 역할을 하였다고 한다.

나도 군 생활 동안 초급 장교 때 영어 공부를 한 것이 국방부, 합참, 연합사, 청와대 등 고급제대에서 근무하는 데 큰 힘이 되었다.

영어 공부와 관련해서 내가 팁을 하나 주고 싶다. 대학생 때는 여행도 많이 하고 싶고, 또 영어를 배우려고 영어권 나라로 6개월이나 1년짜리 어학연수도 많이 간다. 그런데 나 같으면 연수 가는 돈을 가지고 6개월이나 1년 동안 영어권 나라 여행을 다니겠다. 그러면서 여행

절반, 영어공부 절반으로 계획을 짜는 것이다. 매일 공부할 주제를 정하고, 실전 영어 공부에 나오는 가정, 시장, 학교, 관공서, 회사 등도 적극적으로 찾아 다니며 실질적인 대화나 토론을 하는 것이다. 그렇게 몸으로 부딪히며 살아있는 영어공부를 하면, 어학연수 한 것보다 훨씬 성과 높은 영어공부가 될 것이다. 이것은 여행과 영어공부라는 두 마리 토끼를 한 번에 잡는 일석이조의 아이디어이고, 또 나중에 자기소개서를 쓸 때 매우 차별화된 스펙이 될 것이라고 확신한다.

나는 여러분이 제2외국어 하나도 할 수 있기를 바란다. 여러분도 보다시피 영어는 누구나 한다. 그래서 제2외국어 하나를 더 할 수 있어야 차별화된 능력이 되고, 여러분의 가치는 다시 2배로 뛸 것이다. 물론 영어 하나 제대로 하기도 쉽지 않다고 생각할 수 있지만, 이것저것 자격증 준비하는 것보다 외국어 하나를 야무지게 하는 것이 훨씬 더 효과적인 투자라고 나는 생각한다.

셋째, 메모하고 자료를 축적하는 습관을 길러야 한다

창조는 결국 아이디어다. 그런데 이런 창조적 아이디어는, 아르키메데스가 목욕탕에서 유레카를 외치듯이 번쩍 하고 오는 것이기보다는, 크고 작은 생각들이 끊임없이 축적되고 융합되는 과정에서 오는 경우가 훨씬 많다.

로마의 베드로 대성당은 그 자체로 하나의 미술관이다. 성당에는 돔과 벽면에 135개의 모자이크 그림이 화려하게 장식되어 있는데, 나는 처음에 모두 유화 그림인 줄 알았다. 그런데 가까이 가서 보니 수없이 많은 조각들을 하나하나 붙여서 만든 모자이크 그림인 것을 알고는 놀라지 않을 수가 없었다.

미즈키 아키코라는 스튜어디스가 『퍼스트 클래스 승객은 펜을 빌리지 않는다』라는 제목의 책을 발간하여 많은 관심을 받은 적이 있다. 그는 16년 동안 국제선 1등석을 담당하면서 그들은 무엇이 다른가를 유심히 보았는데, 1등석 손님 대부분은 자료를 보거나 무언가 생각을 할 때 항상 메모를 하더라는 것이다.

이와 같이, 수없이 작은 조각이 모여서 모자이크 명화가 탄생하고, 한 장의 메모들이 쌓여서 큰일이 이루어진다. 나도 생도 3학년 때부터 책이나 신문을 보면서 좋은 글이나 자료는 모아 놓고, 좋은 생각이 나면 일기나 독서 노트 등에 메모를 하기 시작했다. 이런 자료들이 군 생활을 하면서 매우 유용하게 사용되었고, 이렇게 책을 쓸 수 있는 것도 이런 습관 덕분에 많은 메모와 자료가 축적되어 있기 때문이다.

나는 이렇게 메모를 생활화하고, 조그마한 자료도 잘 모아서 정리하는 습관을 가지는 것이야말로 최고의 공부라고 생각한다. 이런 공부습관은 우리의 삶을 흐르는 인생이 아니라 쌓이는 인생이 되도록 하며, 쌓이는 인생을 사는 사람은 창조적 인재가 되어 알찬 성공도 만들어낼 것이라 확신한다.

넷째, 표현력도 키워야 한다

나는 사회생활을 하는 데 있어서 표현력이 참 중요하다고 생각한다. 우리는 품질이 똑같은 과일인데, 하나하나 정성껏 포장을 해서 팔 때와 좌판에 수북이 쌓아 놓고 비닐봉지에 담아서 팔 때의 가격차이가 얼마나 나는지를 잘 안다. 그리고 비슷한 성능의 제품인데도 디자인과 광고에 따라 판매에 큰 차이가 난다는 것을 또한 잘 안다.

사람도 마찬가지다. 여러분도 면접을 해보고 자기소개서를 써보면서 표현력의 중요성을 느꼈듯이, 표현력이 좋은 사람은 확실히 돋보이게 되어 있다. 물론 상품은 품질이 좋아야 하고, 기획안은 내용 자체가 좋아야 하지만, 품질이 아무리 좋아도 소비자가 선택하지 않고, 기획안이 아무리 좋더라도 상사로부터 인정받지 못하면 그것은 무용지물이 된다. 그래서 소비자들의 관심을 끌 수 있도록 상품을 잘 알리고, 나의 아이디어가 상사로부터 인정 받도록 설득할 수 있어야 한다. 우리 속담에 '구슬이 서 말이라도 꿰어야 보배다'라고 했듯이 표현을 얼마나 잘하느냐는 또 다른 경쟁력인 것이다.

– 말 잘하기

사회생활에서는 많은 커뮤니케이션이 말로 이루어지기 때문에 우선 말을 잘할 줄 알아야 한다. 말을 잘한다는 것은 화려한 미사여구를 잘 쓰고, 아나운서처럼 달변이어야 한다는 이야기가 아니다. 말을 잘한다는 것은 한마디로 설득력과 공감이 있게 말을 하는 것이다.

여러분이 회사에서 우연히 사장님과 엘리베이터를 함께 타게 되었거나, 사장님이 내가 일하는 현장을 방문하였다고 생각해 보자. 사장님과 대화가 이루어지는 시간은 기껏해야 1~2분인데, 여러분은 이 1~2분의 시간에 대해서 어떻게 생각하는가? 만일 "이 짧은 시간에 할 말이 뭐 있겠어?"라고 생각하는 사람은 사회에서 성공하기 어렵다. 방송에서 광고 한 편 나가는 데는 20초 안팎인데, 이 시간 안에 전하고 싶은 메시지를 다 전한다. 그러니 1~2분은 결코 짧은 시간이 아니다. 여러분은 이 시간 안에 자신을 각인 시킬 수 있는 표현력을 가져야 한다. 그래서 사장님이 "자네 이름이 무어라 했지?" 하며 다시 한 번 묻든지, 수행하는 비서에게 "아까, 그 젊은 사원이 누군가?" 하고 다시 한 번 확인하고 싶게 만들어야 한다.

나는 지휘관을 하면서 예하부대 현장을 자주 방문하였는데, 젊은 간부가 임무수행도 잘하면서, 자기가 수행하는 임무를 똑 소리 나게 설명하는 것을 보면 인상에 많이 남았다. 그런 인재들은 내가 발탁하지 않아도 요직에 가 있는 것을 많이 보았다.

내가 초급 장교 시절에는 보고나 브리핑을 잘하기 위해서 공부도 하고, 불시에 누가 와도 보고할 수 있도록 미리 준비를 해 놓고 연습을 했던 기억이 있다.

– 글 잘 쓰기

글은 말만큼 사용하는 빈도는 많지 않지만 임팩트는 말의 몇 배가 된다. 또 직장에서도 현장업무가 아닌 것은 기본적으로 문서를 통해서 하게 되며, 인간관계에서도 진정성을 특별히 전하고 싶은 것은 말보다 글이 훨씬 효과적이다.

나는 이순신 장군 따라하기를 하면서, 전쟁만 아는 군인이 아니라 이순신 장군처럼 문文에 대해서도 결코 뒤지지 않는 문무를 겸비한 장교가 되어야 한다는 생각을 늘 했다.

또 내가 글쓰기의 중요성을 크게 깨닫게 된 것은 생도 때 하버드 대학의 교육이념을 보면서이다. 하버드대학의 교육이념은 교양인을 만드는 것인데, 이런 교양인이 되기 위해서는 다섯 가지 소양을 갖추어야 한다고 나와 있었다. 그런데 이 중 첫 번째 소양이 '글을 쓸 줄 아는 사람'이라고 명시된 것을 보고 나는 작지 않은 충격을 받았다. 그때부터 나는 글쓰기에도 관심을 가지고, 글을 쓸 때는 항상 논리적이고 설득력 있는 글이 되도록 신경을 쓰고, 책을 보면서 좋은 표현들은 모아 놓고 참고하였다. 또 생도 때는 서예공부도 좀 하여 글씨도 품위 있게 쓰도록 노력했다.

나는 그동안 카드나 편지를 많이 썼는데, 한 줄을 쓰더라도 진심과 정성을 담아서 반드시 손 글씨로 썼다. 특히 중요한 일에 대해서는 나의 진정성과 정성이 담긴 편지를 썼는데, 말로 하는 것보다 훨씬 좋은 효과가 있었다.

표현력은 성공적인 사회생활을 하는 데 있어서 결코 소홀히 할 요소가 아니다. 나는 여러분이 세계적인 명문장들을 한번 보고, 또 스티브 잡스의 프레젠테이션이나 오바마 대통령의 연설을 꼭 한번 들어보기 바란다. 이 세상을 움직이는 리더들을 보면, 그들에게는 틀림없이 말과 글을 통해서 사람의 마음을 움직이는 남다른 표현력이 있었다는 것을 알게 될 것이다.

다섯째, 체력관리도 공부다

체력은 사람이 가지는 가장 기본적인 힘이며, 최후의 뒷심도 결국은 체력에서 나온다. 우리는 정신력을 많이 강조하는데, 사람의 정신력은 플러스 알파를 만들어 내는 힘이 분명히 있지만, 이런 정신력도 물리적인 체력의 뒷받침이 없으면 플러스 알파를 만들어 낼 수 없다. 선수가 아무리 뛰고 싶은 의지가 있어도 체력이 소진되면 뛸 수가 없다. 또 건강에 이상이 생기면 그 순간 모든 것이 스톱이다. 건강을 대신할 수 있는 것은 아무것도 없기 때문이다.

나는 초급 장교 시절부터 아침 일찍 일어나 조깅을 하는 등 체력관리를 열심히 한 편이다. 그런데 30대 초반인 소령 때 육군본부 작전 참모부에서 작전장교로 근무했는데, 매일 새벽 6시에 집에서 나가면 11시가 넘어야 들어오고 휴일에도 출근하는 것이 기본이었다. 시간 도 없었지만 아직은 젊다는 생각으로 체력관리를 제대로 안 했더니, 10개월 정도 지났을 때 퇴근길에 과로로 쓰러져 병원에 실려가는 사태가 발생했다. 자칫했으면 큰 일을 당할 뻔 했다. 가족들이 놀란 것은 물론, 부대업무도 차질이 생기고 상관들에게도 걱정을 끼치게 되었다.

일 열심히 한다고 건강을 돌보지 않는 것은, 자기 자신은 물론 가족과 조직에도 폐를 끼치는 지혜롭지 못한 처사다. 나는 그 후로 운동시간을 꼭 할애해서 체력관리를 하고, 야근을 할 일이 있어도 가능하면 운동을 먼저 한 후에 좀 늦게까지 야근을 했다. 이렇게 하니까 아무리 힘든 직책에 있어도 이상 없이 일을 할 수 있었다.

사회생활은 잠깐하고 마는 단거리 경주가 아니라 기본으로 30년은 뛰어야 하는 장기레이스다. 성공과 행복도 다 건강할 때 오는 것이다. 그래서 체력과 건강을 잘 관리하는 것은 가장 우선해야 할 공부다.

다섯째 조언

야무지고
즐겁게 일하라

무슨 일을
할 것인가?

직업을 선택하는 것은 가치관과도 깊은 연관이 있고 평생을 좌우하는 것이니, 무엇보다도 전략적 마인드를 가지고 선택해야 한다. 물론 젊은 시절에 형편상 또는 다양한 경험을 해보는 차원에서 이것저것 해보는 것은 얼마든지 좋은 일이다. 직업 선택과 관련해서 내가 하나의 팁을 준다면, '정말 하고 싶은 것, 잘 할 수 있는 것, 그리고 유행처럼 잠깐 하고 말 일이 아니라 오래도록 할 수 있는 것'을 하라고 말하고 싶다. 한마디로 말하면 후회되지 않을 일을 선택하라는 것이다. 그래서 한 가지 덧붙이고 싶은 것은, 처음엔 고생 좀 할 것을 각오하고 거창고등학교의 '직업선택 십계명'이나, 새로운 트렌드가 되고 있는 '잡 노마드' 처럼 도전적인 선택을 해보는 것도 괜찮은 일이라고 생각한다.

성공적인 인생을 살았던 사람들의 스토리를 보면, 그들에게는 예외 없이 도전적이고 개척자적인 요소가 들어 있다. 부모들 입장에서는 내 자식이 고생 좀 덜 하고 안정적인 직업을 가지길 바라지만, 막상 그 부모들 자신에게 인생을 돌아볼 때 아쉽거나 후회가 되는 것이 무엇이냐는 질문을 하면, 좀 더 적극적이고 도전적인 일을 해 보지 않은 것이라는 데 많이 동의한다.

장교들은 임관할 때 병과선택을 해야 한다. 군대는 워낙 방대한 조직이고 그 자체로 하나의 작은 사회여서, 육군만 해도 정통 야전군인의 길을 가는 전투병과가 있고, 전문가의 길을 가는 기술 행정 병과가 있다. 심지어는 IT전문가, 의사, 법관, 교수 같은 특수 전문가가 되는 길도 있다. 사실상 직업을 새로 선택하는 셈이다. 전투병과는 야전생활도 많고 책임도 많아 더 많은 고생을 각오해야 한다.

나는 부족함이 많아 걱정도 되었지만, 부족한 것은 노력해서 채울 수 있으니 이왕 군인의 길로 들어섰으면 제대로 나라를 지켜보자 하는 마음으로 보병병과를 선택하였다. 그리고 소령 때 선택하는 참모특기도, 군사의 핵심인 전략과 작전을 기획하는 '작전특기'를 선택 하였다. 그래서 분명 더 많은 고생을 했다. 그러나 이런 고생을 기꺼이 택하였기에 보람도 더 컸고, 국가차원의 일을 담당하는 고위직도 수행할 수 있었다고 생각한다.

더 중요한 것은
어떻게 일하는가이다

어떤 일을 할 것인가를 선택하는 것은 매우 중요한 일이지만, 나는 이것보다도 어떻게 일을 하느냐가 더 중요하다고 생각한다. 자기의 적성과 직업이 잘 맞아 떨어지면 좋겠지만, 현실적으로 그렇지 않은 경우가 많을 뿐 아니라, 하는 일과 적성이 꼭 맞지 않았지만 사회적으로 성공한 사람들이 얼마든지 많이 있는 것을 보면, 어떻게 일하는가가 더 중요하다는 것을 잘 알 수 있다.

스티븐 런딘이 쓴 『펄떡이는 물고기처럼』이란 책에 보면 "비록 당신이 어떤 일을 하는가에 있어서는 선택의 여지가 없다 하더라도, 당신이 어떤 방법으로 그 일을 할 것인가에 대해서는 선택의 여지가 있다. 직업을 대하는 태도는 우리가 선택하는 것이다."란 말이 있다. 또 스티브 잡스도 "돈을 위해 열정적으로 일한 것이 아니라, 열정적으로 일했더니 돈이 생겨 있더라."라고 말한다.

　나도 일하는 자세가 성패를 결정적으로 좌우한다는 사실을 수없이 보았고, 나 자신도 군인이 적성에 맞아서 장군까지 된 것이 아니라, 사명감을 가지고 열심히 노력하다 보니 장군이 된 것이 분명하다.

　나는 나의 저서『성공하고 싶다면 오피던트가 되라』에서, 군대의 초급간부들에게 신뢰받는 팔로워가 되기 위해 갖추어야 할 자세에 대해 강조하였는데, 사회 직장인에게도 똑같은 자세가 필요하다고 생각한다.

새내기 직장인이 가져야 할 자세

첫째, 팔로워십부터 키워라.
둘째, 현장에서 답을 찾아라.
셋째, 명품정신을 가져라.
넷째, 팀워크의 힘을 존중하라.
다섯째, 즐겁게 일하라.

첫째, 팔로워십부터 키워라

　팔로워십은 조직에서 부하로서 가져야 할 자세를 말한다. 리더에게는 리더십이 필요하듯이 팔로워가 되었으면 바람직한 팔로워십을 가지는 것이 당연하다. 그래서 팔로워십도 리더십만큼 중요하다는 것을 항상 명심해야 한다. 이것은 상하관계가 분명한 권위주의적 조직문화를 배우라는 것이 아니라, 직장이라는 공동체의 목적을 잘 구현하기 위하여, 주어진 역할에 맞게 일을 잘하고, 또 초보시절에 일도 잘 배우기 위한 현실적인 노하우를 이야기하는 것이다.

나는 리더십의 핵심은 부하들의 마음을 움직이는 것이고, 팔로워십의 핵심은 상사가 신뢰할 수 있는 부하가 되는 것이라고 생각한다. 어느 조직에서나 상사가 신뢰할 수 있는 부하는 다음과 같은 부하다.

상사가 신뢰하는 부하

첫째, 주인정신이 있는 부하
둘째, 야무지게 일하는 부하
셋째, 상사의 의도를 잘 알고 상사를 존중할 줄 아는 부하
넷째, 정직한 부하

야무지게 일하는 요소는 현장에서 답을 찾고, 명품정신을 가지고 일하며, 팀워크를 존중하는 요소들에서 이야기되기 때문에 여기서는 기타 요소들에 대해서만 이야기하려 한다.

- 주인정신이 있는 부하

직장인의 애환을 그린 '미생'이라는 드라마가 인기리에 방영된 적이 있었다. 주인공 장그래는 계약직 사원이지만, 회사를 우리 회사라 불렀고, 많은 실적과 업적을 쌓았으며 또 회사를 위해 헌신했다. 그러나 그는 계약직이었기에 이런 것들이 제대로 평가받지 못했다. 드라마지만 보기가 참 안타까웠다.

그렇지만 나는 단 하루를 일해도 미생의 장그래처럼, 내 회사, 내 일로 생각하고 일해야 한다고 생각한다. 그것이 일 자체에 대한 올바른 자세고 직장인으로서의 도리다. 그리고 더 중요한 것은 그런 자세 속에 진정한 성공의 싹이 들어있기 때문이다. 주인정신은 글자 그대로 봉급 때문에 일하고, 시키니까 일하는 수동적이고 소극적인 자세가 아니라, 스스로 찾아서 능동적이고 적극적인 자세로 책임감을 가지고 일하는 자세다.

정주영 회장의 첫 직장은 쌀가게였는데, 청년 정주영은 성실하기만 한 것이 아니라, 스스로가 일을 찾아서 창의적으로 일하여 쌀가게가 더욱 번성하게 하였다. 정주영에게서 이런 주인정신을 본 주인은, 쌀가게를 아들이 아니라 직원인 정주영에게 물려주었다.

나도 초급 장교 시절에 주인정신을 가지고 일을 해야 된다는 생각을 했지만, 지휘관이 되어서 부하들이 일하는 모습을 볼 때 주인정신의 중요성이 더욱 선명하게 보였다. 비록 역할은 참모나 실무자지만, 지휘관처럼 부대를 걱정하고, 부대를 위해 능동적이고 적극적으로 근무하는 부하를 볼 때, 참으로 믿음직스럽고 그들을 높이 평가하지 않을 수 없었다.

우리에게는 천직天職이라는 말이 있고 서양에서는 일을 하늘이 주신 소명Calling이라고 생각했다. 일은 단순한 생계 수단에 그치는 것이 아니라, 일을 통해서 자기가 추구하는 가치와 신념도 구현되는 것이다. 그래서 우리는 어디서 어떤 일을 하든, 자기가 하는 일과 직장에 대해서 분명한 신념과 긍지를 가져야 한다. 봉급 받는 만큼 일하는 것은 얼핏 쿨해 보일지 모르지만, 거기에 신념과 주인정신은 없는 것이고, 주인정신이 없이 일하는 사람이 직장에서 성공할 수 없는 것은 당연한 귀결이다.

나는 임관 이후 38년간을 복무하고, 2013년 10월 31일 국방부 정책실장을 끝으로 퇴직하였다. 퇴직하는 날 나는, 후임 정책실장에게 다음 날 있을 업무준비를 도와준 후 21:00시에 평소처럼 퇴근하였다.

– 상사 의도를 잘 알고 상사를 존중할 줄 아는 부하

일을 잘하려면 무엇보다도 상사의 의도를 잘 알아야 한다. 이것은 상사의 비위나 기분을 잘 맞추라는 뜻이 아니다. 그것은 일의 본질이 아니다. 상사에게도 가장 중요한 것은 자기에게 맡겨진 책임을 다하는 것이고, 부하인 여러분은 상사의 책무를 나누어 그 일부를 수행하는 것이니, 당연히 상사의 의도를 정확히 알고 일을 해야 한다. 그래야 그 일을 하는 목적과 취지를 제대로 달성할 수 있고, 자신도 인정

받을 수 있는 것이다.

　그러기 위해서는 상사와 커뮤니케이션이 잘 되어야 한다. 일의 취지를 알려 주고 지침을 주는 것은 상사의 책임이지만, 그것을 정확히 이해하고 구현하는 것은 부하의 책임이다. 그래서 상사의 의도를 잘 모르거나 분명치 않으면 반드시 확인해야 한다. 신입 시절에는 상사가 어려워 제대로 물어보지 못하거나 자기 의견을 제대로 말하지 못할 수 있는데, 그러면 결과적으로 일이 잘못되고 많은 노력과 시간의 낭비를 가져오게 된다. 그러니 머뭇거리지 말고 모르면 몇 번이라도 묻고 확인해서 상사의 뜻에 맞게 일을 해야 한다. 상사는 조금 귀찮아할지 모르지만, 그렇게 자신의 의도를 구현하기 위해 적극적으로 노력하는 부하를 보면 점점 더 신뢰감이 쌓이게 된다.

　또 상사의 의도에 맞게 일이 진행되도록 상사와 끊임없이 소통해야 한다. 그래서 보고가 매우 중요하다. 처음 임무를 받으면 가용한 시간, 자원, 예산을 고려하여 어떤 식으로 임무를 수행할 것인지 자기의 복안을 수립해서 최초 보고를 드려야 한다. 그리고 일이 진척되는 상황에 따라 수시로 중간 보고를 드려서 추가적인 지침은 없는지 확인하고, 일이 끝나면 결과 보고를 드려서 상사의 의도가 확실하게 구현되었는지 확인해야 한다. 유능한 부하는 상사가 궁금해서 물어보기 전에 적시적으로 보고를 할 줄 아는 부하다.

　여기서 한 가지 유념할 것은, 상사의 의도를 알려고 하는 것은 좋지만 모든 것을 상사에게 의지하려는 것처럼 보여서는 안 된다는 것이다. 그래서 "현재 이런 문제가 있습니다. 저는 이 문제를 이렇게 해결하면 되겠다고 생각하는데 지침이 있으시면 말씀해 주십시오."라며, 문제를 해결하고자 하는 본인의 복안과 적극적인 의지가 있도록 해야 한다. 그리고 상사의 의도가 빠짐없이 잘 구현될 수 있도록 상사가 하는 말은 사소한 것도 항상 메모해 두는 것을 습성화해야 한다.

그리고 나는 상사를 진심으로 존중할 줄 아는 부하가 되어야 한다고 생각한다. 이것은 상사에게 아첨하고 예스맨이 되라는 이야기가 아니다. 리더는 부하를 인격적으로 대우하고 잘 배려해야 할 의무가 있듯이, 부하도 상사의 권위와 스타일은 존중하는 것이 마땅한 도리이기 때문이다. 상사라고 모든 면에서 다 훌륭한 것은 아니다. 상사지만 능력이나 인격적으로 부족한 면이 있을 수 있으나, 종합적으로 볼 때 상사가 될 만한 자격을 갖추고 있어서 그 지위에 있는 것임을 알고, 그것을 진정성 있게 존중해야 한다는 것이다.

- 정직한 부하

미국에서 젊은이들이 가장 선호하는 기업인 구글에서는, 사람을 뽑을 때 '구글다움Googleyness'이 있는지를 본다. '구글다움'이란 일을 즐길 줄 아는지, 양심적인지, 지적으로 겸손한지를 보는 것이다. 거짓이 없는 양심적인 사람만이 구글인이 될 자격이 있다는 것은 참으로 믿음이 가는 기준이다.

나는 팔로워로서 가장 중요한 덕목은 정직이라고 생각한다. 일을 하다 보면 잘못도 있을 수 있다. 그럴 때 변명을 하거나 거짓말을 할 수 있는데, 그러면 상사는 오판을 하게 되고 결국 그 일 자체를 그르칠 수 있다. 질책을 좀 받더라도 정직하게 보고하면 상사는 다른 대책을 세울 수 있다. 상하 간에는 신뢰가 가장 중요하기 때문에, 능력이 없는 부하는 함께 일할 수 있어도 정직하지 못한 부하는 함께 일할 수 없다.

또 일을 하다 보면 건전한 상식과 양심에 비추어 볼 때, 상사가 한 지시나 지침이 잘못되었다는 생각이 들 수도 있다. 그럴 때는 직언을 할 줄 알아야 한다. 이것도 정직함의 중요한 요소이며, 진정으로 상사를 위하고 조직을 위하는 일이다. 그것이 혹 위법하거나 비윤리적인 일일 때는 더욱 그렇다. 그것은 정의와 법의 문제고, 언젠가는 상사와 조직도 다치고 자기 자신도 다칠 수 있기 때문이다. 대신 직언을 할 때는 객관적인 근거와 합리적인 대안을 가지고 겸손하고 정중하게 이야기하여, 상사의 권위는 존중하면서도 자기의 소신과 진정성이 잘 전달될 수 있도록 하는 지혜를 가져야 한다.

상사가 끝까지 믿는 부하는 거짓이 없으면서, 진정성을 가지고 직언을 해 주고, 바르게 자기를 보좌하는 부하다.

– 독한 상사가 나를 키운다

직장생활을 하다 보면 때로는 독한 상사도 만날 수 있다. 사실 직장인에게 가장 힘든 것도 이것이다. 일을 힘들게 시킬 수도 있고 인간적으로 힘들게 할 수도 있다. 이런 난관은 어떻게 극복해야 할까? 왜 이리 운이 없을까 하고 술 마시며 뒷담화나 하고, 임기만 끝나면 빨리 도망가야지 하고 시간 가기만 기다릴 것인가? 아니면 확 사표를 내버릴 것인가?

나도 여러 번 이런 상관을 만났다. 인격적 모욕이 심하여 나도 모르게 눈물을 흘린 적도 있었고, 영관 장교 때는 새로 부임하신 지휘관의 스타일을 잘 맞추지 못해, 서너 달 동안 하루도 빠짐없이, 그것도 공개석상에서 질책을 받은 적도 있었다. 이때 나는 부끄럽게도 사직서를 낼 생각을 했다. 그런데 하룻밤을 지내며 다시 한번 곰곰이 생각을 해보니, '나는 군인이고 전쟁도 해야 될 사람인데, 상관 어려운 것 하나 극복하지 못하면 되겠는가?'라는 생각을 하게 되었고, 그래서 내가 참 잘못하고 있다는 생각이 들었다. 나는 크게 반성하고, 전에 모셨던 사람들에게 확인도 하는 등 적극적으로 새 지휘관의 스타일을 파악해서, 그 스타일에 맞추어 열심히 일했다. 그랬더니 나를 새롭게 평가하고 진급도 시켜 주셨다.

만일 이 난관을 잘 이겨내지 못했다면 오늘과 같은 내가 되지 못했을 것이다.

돌이켜 보면 이렇게 독한 상관들과 근무한 것이 나를 키워준 훌륭한 자양분이었다. 독한 상사와 일할 때 업무도 많이 배우게 되고, 배짱도 많이 키울 수 있다. 권투 선수가 챔피언이 되려면 펀치력과 맷

집이 모두 좋아야 하듯이 사회에서 성공하려면 능력 못지 않게 멘탈도 강해야 한다. 그리고 나는 상관이 잘못 되었다고 생각하는 것은 잘 유념해 두었다가, 내가 그런 위치에 갔을 때 내 부하들은 나 때문에 불필요한 고통을 받는 일이 없도록 했다.

그래서 나는 여러분에게 진심으로 권한다. '독한 상사가 나를 키운다'는 생각을 꼭 가져라. 이런 긍정적이고 적극적인 자세를 가지면, 상사 때문에 생기는 어떤 어려움도 쉽게 극복할 수 있고, 자신도 크게 키울 수 있을 것이다. 직장에서 성공한 사람들은 예외 없이 이런 힘든 과정을 잘 견뎌낸 강한 멘탈의 소유자임을 잊으면 안 된다.

둘째, 현장에서 답을 찾아라

1991년 걸프전이 발발했을 당시, 아직 생긴 지 얼마 안 된 CNN은 총격전이 벌어지고 있는 현장에서 보도를 하면서 존재감을 확실히 각인시켰다. 이후 이런 CNN 스타일은 모든 방송매체들의 모델이 되었다. 바로 현장의 힘이 오늘의 CNN을 만든 기반이 된 것이다. 또 개인이 창업을 하든 기업에서 새로운 아이템을 하나 개발하든, 가장 먼저 하는 것은 시장 조사인데 이것도 다 현장에 답이 있기 때문이다.

직장에서 처음 일을 배울 때는 머리보다 손발로 배워야 한다. 발로 뛰고, 눈으로 보고, 손으로 만져서 현장의 감각을 자기의 온몸에 배이게 해야 한다. 그리고 선배나 상관들이 귀찮아할 정도로 물어보고, 따라다니며 그들의 노하우를 배워야 한다.

또 책상에만 앉아서 옛날 자료, 통계자료, 이론서만 보면서 만든 탁상공론 같은 계획은 현장에 적용을 하면 틀림없이 생각지 못했던 문제들이 많이 생긴다는 것을 알아야 한다.

나는 소령 때 한미연합사령관 부관을 했는데, 한번은 사령관님을 모시고 예하부대 훈련장 순시를 갔다. 그런데 헬기에서 내렸는데 영접요원도 안 보이고 부대가 조용했다. 참으로 당황스러웠다. 확인해 보니 다른 부대들은 모두 전시지휘소가 부대 안에 있는데, 이 부대는 몇 킬로미터 떨어진 곳에 있어서 그곳으로 모두 나가 있었던 것이다. 내가 매너리즘에 빠져서 현장 확인을 안 한 잘못이었다. 또 내가 지휘관을 할 때도 보면, 현장감각 없이 만든 보고는 믿음이 가질 않았다.

사람에게서 의식이 없으면 살아도 산 것이 아니듯이 일에서 현장 감각이 없으면 그것은 살아있는 일이 아니다.

셋째, 명품정신을 가져라

사람들은 명품을 좋아한다. 일부 사람들은 허세를 부리고자 고가의 명품을 전리품처럼 가지고 다니지만, 사실 명품은 좋아할 만한 가치가 있기 때문에 좋아하는 것이다. 재료부터 엄선해서 쓰고, 디자인이 독창적이며, 마지막 바느질 하나까지도 꼼꼼하게 처리해서 어디 하나 흠잡을 데 없는 특별함이 있기 때문이다.

우리는 TV를 통해서 도공이 도자기를 만드는 모습을 볼 때가 있는데, 도공은 자기가 원하는 만큼 작품성이 없다고 생각하면 가차없이 깨어 버린다. 그리고 정말 조그만 하자도 없이 완벽하게 만들어졌다고 생각되는 것만 골라서 세상에 내어 놓는다. 이처럼 명품은 만드는 사람의 혼과 열정과 창의적 아이디어가 담겨 있는 차별화된 고품격의 산물인 것이다.

일을 해도 마찬가지다. 우리가 조금만 더 정성을 기울이면 일도 명품으로 할 수 있다.

나는 매사에 최선을 다해야 한다는 신념을 가지고 있었기 때문에 무슨 일을 해도 창의적으로 최선을 다하려 했다. 그런데 지휘관을 하면서 부하들이 일을 하는 것을 보니까 이런 차이를 더 확실하게 볼 수 있었다. 사단장을 하면서 예하부대들이 진지공사를 하는 것 하나를 보더라도, 똑같은 병력이 똑같은 시간 동안 땀 흘리며 열심히 했는데도 10개의 대대가 1위부터 10위까지 서열이 나오는 것이었다. 가장 큰 이유는 대대장이 얼마나 명품정신을 가지고 공사를 했느냐이다. 기울인 노력의 90% 이상, 아니 98%까지 비슷한데 대대장이 '이왕이면 명품을 만들자'라는 정신을 가지고 하면 분명히 성과가 다르게 나오는 것이었다.

첫째, 신념과 철학

둘째, 몰입

셋째, 디테일

넷째, 창의적 아이디어

– 첫째, 신념과 철학

신념과 철학은 하는 일에 대하여 스스로 가치를 느끼며, 그 일을 정말 사랑하는 것이다. 성당을 짓는 공사장에서 세 사람의 벽돌공이 일을 하고 있었다. 세 사람에게 "무엇을 하고 있느냐?"고 물었다. 첫 번째 사람은 "먹고 살려고 일하고 있습니다."라고 했고, 두 번째 사람은 "보면 모르시오, 벽돌을 쌓고 있지 않소."라고 답하고, 세 번째 사람은 "예, 하느님을 모실 아름다운 성당을 짓고 있는 중입니다."라고 답했다. 누가 벽돌을 잘 쌓겠는가?

우리는 무슨 일을 하건 그 분야의 프로가 되어야 한다. 프로는 지식적 기술적으로 전문성을 가져야 되는 것은 물론, 그 일에 가치를 느끼고 그 일을 진실로 사랑하는 사람이다. 먹고살기 위해 일하고, 시키니까 일하고, 돈 받은 만큼 일하는, 그런 자세에서는 명품이 절대 나올 수 없다. 아무리 사소한 일을 해도, 자기가 하는 일에 가치를 느끼고, 나아가 자기가 새로운 가치를 창조하겠다는 신념과 철학, 그리고 자부심을 가지고 일을 하는 사람만이 명품을 만들 수 있다.

– 둘째, 몰입

누구도 예외 없이 말하는 성공요소는 아마 열정일 것이다. 무슨 일을 하던 불꽃 같은 열정이 있을 때 일을 잘할 수 있기 때문이다. 그런데 명품을 만들기 위해서는 열정을 넘어 그 일과 자기가 하나가 되는 단계까지 들어가야 한다. 이 단계를 우리는 몰입이라고 한다.

나는 음악프로그램인 '불후의 명곡'을 즐겨 본다. 이 프로그램의 생명력은, 출연하는 가수들이 일단 무대에 오르면 신이라도 들린 듯이 노래와 춤에 완전히 몰입하여, 보는 사람으로 하여금 노래 한 곡을 들었는데도 뮤지컬 한 편을 본 것 같은 감동을 느끼게 만드는 것이다. 일도 일단 시작하면 이렇게 몰입을 해야 된다. 그래야 명품이 나올 수 있다.

학교에서도 보면 공부를 잘하는 학생들은 매 시간 그 과목에 집중하는데 반해, 공부 못하는 학생들은 국어시간에 수학 걱정하고 수학시간에 영어 걱정을 하는 일이 많다. 나도 고위직에서 많은 일을 할 때 이런 몰입의 지혜를 잘 활용하였다.

– 셋째, 디테일

명품들의 차별화된 특징 중에 하나는 디테일에 충실하다는 것이다. 똑같은 원단을 가지고 똑같은 사람이 만들었는데 마무리까지 완벽해서 어디 하나 흠이 없으면 명품이 되고, 하나라도 흠이 있으면 싸구려 상품이 된다. 그런데 명품의 가격표에는 '0'이 하나 더 붙는다. 작은 디테일의 차이가 10배의 가격 차이를 만드는 것이다.

직장에서 일을 해도 마찬가지다. 똑같은 일을 해도 한 사람은 칭찬받고 한 사람은 질책을 받는 경우가 있는데, 많은 부분은 얼마나 꼼꼼하고 치밀하게 준비하고 또 마무리 했는가가 그 이유다.

내가 국방부 정책실장 때 장관님 주관의 전군주요지휘관 회의를 하는데, 준비한 동영상이 나오지 않아 당황하고 회의가 매끄럽지 못한 적이 있었다. 확인해 보니 프로젝터에 문제가 생겼는데 예비 프로젝터를 준비하지 않았던 것이다. 정말 오랫동안 공들여 준비했는데 꼼꼼하지 않아서 큰 낭패를 본 것이었다.

준장 시절에는 육군참모총장 비서실장을 했는데, 총장님을 모시고 이탈리아와 러시아 출장을 가게 되었다. 공식적인 방문일 때는 초청국에서 공식만찬에 공연도 준비하는 것이 국제적인 관례다. 그래서 나는 만일에 대비해 답례로 부를 수 있게 이태리 가곡인 '오 솔레미오'를 원어로 부를 수 있도록 준비했다. 예상대로 이탈리아에서 성대하게 만찬을 준비하였기에 답례로 '오 솔레미오'를 불렀더니 모두들 놀라워하며 기립박수를 보냈다. 러시아에서는 성의 있는 공연까지 준비했는데 나의 노래가 훌륭한 답례가 되었다. 총장님께서는 나의 꼼꼼한 준비성에 대해서 많은 칭찬을 하셨다.

우리는 어떤 일을 하든지 준비서부터 마무리까지 치밀하고 꼼꼼하게 해야 하며, 행사 같은 것을 할 때는 정전이나 마이크 고장 등 예상되는 우발사태까지 철저히 대비해야 한다. 그리고 예행연습도 꼭 실전같이 해보아야 한다.

– 넷째, 창의적 아이디어

일에서 명품을 만든다 함은 과거의 것보다 진일보된 참신성과, 다른 것에서 찾아 볼 수 없는 차별화된 독창성이 있다는 것이다. 이런 참신성과 독창성은 창의적인 아이디어에서 온다. 그래서 일을 할 때는 언제나 '조금 더 잘 할 수 있는 방법은 없는가, 좀 더 새로운 방법은 없는가?' 하고 끊임없이 자문해야 된다. 그리고 시장 조사, 잘하고 있는 타사나 외국사례연구, 관련 분야의 최신 이론 확인 등 가능한 소스를 총동원해서 아이디어를 찾아보아야 한다. 여기에다 자신의 상상력을 마음껏 동원하면 창조적 발전을 가져올 아이디어가 나오게 된다.

특히 창의적 아이디어를 얻으려면 문제의식을 가지고 사소한 것도 흘려보지 않는 집념이 필요하다. 구부러지는 빨대를 발명한 사람은 일본의 평범한 주부였는데, 그는 병원에 오래 누워 있는 아들이 음료수를 먹을 때마다 힘겹게 몸을 일으키는 모습을 안타까워하다가, 수도꼭지의 주름진 호스를 보고 빨대 가운데를 주름지게 하는 아이디어를 내었다고 한다.

나는 '창조'가 나의 가치관이었기에, 어떤 일을 하든지 내 스스로 좀 더 창의적이고 발전적인 방법은 없는지를 습관적으로 자문하고 추구했다. 그런 자세가 많은 업무에서 성과를 만들어 내는 힘이 되었다.

소대장 때 대대에서 소대별 사격측정을 했는데 우리 소대가 꼴찌를 하였다. 나는 소대원들을 기합 주고 무조건 열심히 시키는 것보다, 우선 사격에 흥미를 갖도록 하는 것이 필요하다고 생각했다. 그래서 25M 사격장에서 처음에는 깡통 맞추기를 하고, 다음에는 좀 더 작은 요구르트 병 맞추기를 했더니 병사들이 매우 재미있어 하며, 자연스럽게 실력이 늘었다. 그랬더니 나중에는 동전 맞추기를 하는 수준으로 실력이 올랐다. 3개월 후 우리 소대는 일등을 하였다.

또 군대에서 보병들은 행군을 참 많이 하는데 중대장 때는 병사들이 조금이라도 힘을 덜 들이고 의미 있게 행군을 하는 방법은 없을까 고민을 하다가 '백두산정복 2,000리' 프로젝트를 만들었다. 우리 중대부터 백두산 천지까지 대략 800km, 즉 2,000리 정도 되는데, 부대 연병장에 백두산까지 나오는 큼직한 지도를 만들어 세우고, 중대부터 백두산까지 행군로를 그려 넣었다. 그리고 행군할 때마다 백두산을 향해서 얼마만큼 진격을 했는지 표시를 하는 것이었다. 이렇게 하니까 행군에 의미와 성취감이 생겼다.

넷째, 팀워크의 힘을 존중하라

나는 음악을 좋아해서 음악회에도 종종 가는데, 내가 좋아하는 클래식 장르는 오케스트라가 연주하는 교향곡이나 협주곡을 듣는 것이다. 각각의 악기들이 어우러져 내는 소리를 들으면, 한 악기로는 도저히 낼 수 없는 아름다움과 웅장함이 있어 그 감동이 훨씬 크기 때문이다. 이것이 바로 시너지 효과다. 여럿이 힘을 합치면 단순한 산술적 합이 아니라 차원이 다른 힘이 나올 수 있다.

직장에서 일을 하거나 어떤 사업을 하더라도, 내 일만 중요하게 생각하거나 주변을 경쟁상대로만 생각하고 속 좁게 일하면 안 된다. 전략적 마인드를 가지고 좀 크게 보고 멀리 보면서, 능동적이고 적극적으로 협조하고 협력하는 것이 조직 전체를 위하는 일이고, 궁극적으로 자신에게도 큰 힘이 된다는 것을 알아야 한다.

나는 소령 때 육군본부에서 처음으로 근무하게 되었는데, 육군본부는 방대한 조직이어서 어느 부서가 어디에 있는지를 아는 데만도 6개월은 족히 걸렸다. 전입 초기에 한번은 인접부서의 협조를 받을 일이 있어서 다른 사무실에 갔다. 그런데 바쁘게 자기 일에 열중하니까 누가 왔는지 관심도 없고, 어렵게 물어보면 자기 일이 아니니 다른데 가서 알아 보라고 성의 없이 답했다. 이렇게 여섯 곳을 거쳐서 겨우 협조를 구할 수 있었다.

나는 그 이후, 누가 우리 사무실에 오면 내가 먼저 일어나서 "어떻게 오셨습니까? 무엇을 도와드릴까요?" 하고 물어보고, 타 부서에서 의뢰한 협조사항은 내 일처럼 성의껏 해 주었다.

이런 식으로 다른 사람들 일을 잘 도와주고 적극 협조해 주다 보니, 인간관계도 좋아지고 내가 필요한 게 있을 때는 적극적으로 도움을 받을 수 있었다. 이런 자세는 군 생활 내내 큰 도움이 되었다.

다섯째, 즐겁게 일하라

성공하는 삶을 이루기 위해서는 열정을 가지고 일을 해야 한다는 것을 우리는 잘 안다. '1만 시간의 법칙'이라는 것이 있듯이, 무슨 일이든 줄 잡아 10년은 열심히 노력해야 전문가가 되고, 그때부터 또 10년은 더 열심히 일해야 직장인으로서 성공할 수 있다. 창업을 하거나 프리랜서로 일하더라도 원리는 다 같다.

그렇다면 어떻게 이런 긴 시간을 한결같이 열정적으로 일할 수 있느냐가 문제다. 사람이 기계도 아닌데 말이다. 사람이 어떤 한정된 시간 동안 열정을 가지기는 쉽지만, 열정은 에너지 소모가 많기 때문에 몸도 마음도 쉽게 지치게 되고, 또 무슨 일이든 오래 하다 보면 싫증이 나고 슬럼프에 빠지게도 된다. 그리고 일의 성과에 대한 의지가 과도하면 자칫 강박관념이 생겨서, 자기가 일의 주인이 아니라 일이 나의 주인이 되는 주객전도 현상이 와서 삶이 왜곡될 수도 있다.

골프영웅 박세리 선수는, 한국선수 최초로 LPGA 명예의 전당에 오른 세계적인 선수이며, 박세리 키즈를 만들어낸 한국골프의 살아 있는 전설이다. 그런 그가 은퇴를 앞두고 실시한 언론 인터뷰에서, "세계 제일이 되고 싶다는 꿈이 있었고, 애니카 소렌스탐이나 캐리 웹 같은 세계적인 선수들과 경쟁한 덕에 정상급 선수가 되었다. 그런데 소렌스탐이나 웹은 틈날 때마다 수상스키와 낚시 같은 다양한 취미를 즐겼는데, 나는 오직 골프뿐인 삶의 한계 때문에 몸과 마음이 지쳤고, 그래서 전성기가 짧았다."라고 말했다.

우리에게 큰 깨우침을 주는 솔직한 고백이다. 그러면 이런 싫증과 슬럼프 없이 오랜 시간을 열정적으로 일하게 하는 노하우는 무엇일까? 그것은 바로 일을 즐겁게 하는 것이다. 여러분은 모두 재미있게 놀 때는 거기에 푹 빠지게 되고, 힘든 줄도 몰랐던 경험이 다 있을 것이다. 일도 그렇게 놀이처럼 즐겁게 할 수 있어야 한다. 그래야 능률도 오르고 지치지 않게 된다.

– 휴식은 또 다른 창조다

그리고 또 하나의 중요한 노하우는 열정적으로 일하는 것이 쉬지 않고 일하는 것이 아니라는 것을 확실히 아는 것이다. 일을 할 때는 몰입해서 열정적으로 하되, 쉴 때는 확실히 쉬어서 소모된 에너지를 재충전시켜주는 지혜가 필요하다.

사람의 뇌는 잠자는 시간 동안 낮에 들어온 정보들을 처리하고 정리하며 새로운 세포들의 생성과 성장도 잠잘 동안에 이루어진다고 한다. 잠자고 쉬는 것이 단순한 휴식이나 시간 낭비가 아닌 것이다.

휴식은 정신적으로도 중요한 의미가 있다. 당장 도시를 떠나 산을 올라보고 강을 따라 둘레길이라도 좀 걸으면 가빴던 숨이 편안해지며 새로운 생각도 솟아날 것이다. 사람은 이성적 존재이기 이전에 감정의 동물이기 때문에 감정도 소중히 생각하고 보살피는 노력이 필요하다. 그래서 우리는 휴식을 하고, 휴가를 가는 것을 소홀하게 생각하면 안 된다.

나는 지휘관을 할 때면 부하들의 휴가를 관심 있게 챙기고 나도 대리체제를 유지하고 휴가를 갔다.

정말 지혜로운 사람은 'No pain No gain', 즉 '노력 없이 아무것도 얻을 수 없다'는 수준에 머무르지 않는다. 그는 'Less pain More gain'의 경지가 있다는 것을 안다. 산 정상만 보면서 가는 사람은 한걸음 한걸음이 힘이 든다. 그러나 주변에 있는 아름다운 모습도 보고, 적절히 쉬기도 하면서 한걸음 한걸음 옮기다 보면, 어느새 올라왔는지 모르게 정상에 오르게 된다. 일을 즐겁게 하는 사람은 이렇게 산을 오르는 사람과 같다.

마음을 움직이는
리더가 되어야 한다

리더의 Hard Power와 Soft Power

이 책은 리더십을 논하는 책은 아니다. 그러나 나는 젊은이 여러 분이 장차 우리사회와 나라를 이끌고, 나아가 세계적인 일을 해나갈 잠재적인 리더들이기 때문에 훌륭한 리더가 되기 위해서는 젊을 때 어떻게 준비해야 하는지에 대해서 틈틈이 이야기하고 있다. 또 군대 의 장교나 생산현장에서 일을 시작하는 사람들은 직장생활 시작부터 부하가 있는 직책을 맡을 수가 있다.

리더의 역할은 CEO급 리더인가 중간관리자급 리더인가에 따라 리더십에 다소 차이가 있지만, 어떤 지위의 리더이든 부하들의 마음 을 움직이는 리더가 되는 것이 리더십의 핵심이다. 그래서 나는 부하의 마음을 움직이는 리더가 되기 위해 어떻게 해야 하나에 대해서만, 나의 생각을 간단히 이야기하고자 한다.

리더는 한마디로 '부하들에게 영향력을 행사하여 조직의 목표를 달성하는 사람'이라고 정의할 수 있다. 여기서 영향력이란 부하들을 움직이는 힘을 말하는데, 부하를 움직이는 힘에는 크게 두 가지가 있다. 하나는 부하를 강제로 움직이게 하는 'Hard Power'고, 다른 하나는 부하가 자발적으로 움직이게 하는 'Soft Power'다.

Hard Power는 법과 제도, 계약을 통해서, 또는 강압적이고 공포스러운 분위기를 만들어서 부하를 강제로 움직이게 하는 힘이다. 그런데 Hard Power의 영향력 크기는 딱 자판기 같다고 말할 수 있다. 자판기는 1,000원을 넣으면 1,000원짜리 상품이 반드시 나온다. 그러나 그게 끝이다. 1,000원짜리를 넣었는데 2,000원, 3,000원짜리가 나오는 경우는 없다. 리더가 Hard Power에만 의존해서 부하를 움직이면, 부하는 자판기 같이 돈 받은 만큼만, 그리고 벌 받지 않을 만큼만 움직이게 되어 있다.

반면 Soft Power는 리더를 존경하고 신뢰해서 부하들이 자발적으로 리더의 뜻에 따르게 하는 힘이다. 이 힘은 강제된 것이 아니기 때문에, 리더에 대한 존경과 신뢰의 정도에 따라 힘이 다양하게 나온다. 존경과 신뢰가 없으면 영향력이 하나도 없을 수 있고, 반대로 존경과 신뢰가 깊으면 죽음까지도 불사하는 영향력을 미칠 수 있다.

리더에게는 Hard Power가 반드시 필요하다. 그러나 여기에 그쳐서는 안 된다. Hard Power에만 의존하는 리더십은 직책과 권한만 주어지면 누구나 가질 수 있다. 그래서 진정한 리더는 Soft Power를 함께 가진 리더다. 세종대왕이나 이순신 장군같이 역사상 훌륭했던 리더들을 보면, 그들은 한결같이 훌륭한 Soft Power를 함께 가져서 신하와 부하들이 리더의 뜻을 따르기 위해서 목숨도 아까워하지 않는 영향력을 발휘했던 것이다.

내가 가졌던 Soft Power

나는 임관 이후 리더의 길을 걸으면서 늘 '부하의 마음을 움직이는 리더가 되어야 한다'는 생각을 했다. 돌아보면 나는 부하들 덕분에 장군도 되고, 지휘관으로서의 임무도 잘 완수할 수 있었다. 그런데 부하들은 나의 Soft Power를 보고 나를 따랐다고 말한다.

내 리더십의 Soft Power

첫째, 설득과 소통

둘째, 솔선수범

셋째, 인정과 칭찬

넷째, 사랑

다섯째, 엄함

첫째, 설득과 소통

나는 군대라도 지시하고 명령만 하기보다 부하들에게 내 뜻을 잘 이해시킬 때 부하들이 임무를 더 잘 수행할 수 있다고 생각했다. 그래서 항상 부하들에게 임무의 중요성과 나의 의도에 대해서 소상하게 설명하고 이해시켜 주었다. 특히 나는 사람의 마음에는 이성만 있는 것이 아니라 감정도 함께 있기 때문에, 논리적 공감뿐만 아니라 정서적 공감도 함께 얻어야 부하들의 마음을 확실하게 움직일 수 있는 것이라고 생각했다.

그래서 늘 부하들의 마음을 이해하고 그들의 언어로 소통하려고 애썼다. 지휘관을 할 때는 젊은이들이 예능 프로그램이나 음악 프로그램도 보아서 병사들과 눈높이를 맞추었다.

사단장 시절, 신병교육을 갈 때는 당시에 유행하던 '브라보 마이 라이프'를 함께 부르는 것으로 시작했고, 대대별 정신교육을 가거나, GP, GOP 순시를 갈 때는 병사들과 게임도 많이 했다.

그리고 보다 좋은 설득은, 공식적인 훈시나 교육을 통해서보다 일상적인 대화 속에서 나의 뜻이 자연스럽게 스며들게 하는 것이라 생각하고, 소통에 많은 노력을 기울였다.

둘째, 솔선수범

1965년 10월 4일, 월남파병을 앞둔 수도사단 1연대 10중대는 수류탄 투척훈련을 하고 있었다. 훈련 중 한 병사가 실수로 수류탄을 중대원들이 모여 있는 곳으로 떨어뜨렸다. 그대로 터지면 100여 명의 중대원들이 죽거나 다칠 절체절명의 순간이었다. 순간 한 사람이 몸을 날려 수류탄을 몸으로 덮었다. 그의 몸은 산산이 부서졌지만 대신 다른 중대원들은 모두 무사하였다. 수류탄을 몸으로 덮은 사람은 바로 중대장인 강재구 대위였다. 그는 자신의 생명을 던져서 살신성인하는 군인의 자세에 대하여 모범을 보였던 것이다.

나도 장교생활 내내 이런 정신을 이어받아 솔선수범하는 리더가 되려고 노력했다. 초급 장교 시절에는 작전이나 훈련에 앞장서는 것은 물론, 어렵고 힘든 일, 부하들이 싫어하는 일일수록 내가 앞장섰다. 소대장 때는 모든 공사나 작업을 똑같이 했다. 중대장 때는, 당시 화장실이 푸세식이어서 인분이 차면 퍼서 다른 곳에 버려야 했는데, 병사들이 싫어해서 처음에는 내가 먼저 똥통을 들고 앞장섰다. 대대장이 되어서도, 구보도 같이 하고 부하들 벌을 주어야 할 일이 있을 때는 내가 먼저 완전군장을 메고 나왔다.

리더가 앞장 서는데 따라오지 않을 부하는 없다.

셋째, 인정과 칭찬

　나는 최고의 리더는 부하들의 기를 살리고 신바람 나게 만드는 리더라고 생각한다. 사람은 어디서 무슨 일을 하든 신이 나야 어렵고 힘든 일도 잘할 수 있는데, 부하들을 가장 신나게 만드는 것은 리더의 인정과 칭찬이다. 인정 중에 최고의 인정은 '있음' 그 자체를 소중하게 알아주는 것이다. 나는 지휘관을 할 때는 언제나 지휘관부터 이등병까지 역할이 다른 것이지 모두가 우리 부대에 없어서는 안 될 소중한 존재로 생각하였고, 부하들에게도 그렇게 강조하였다. 어느 조직이나 리더와 구성원이 한 마음이 되는 조직은 성공하고 승리할 수 있다. 이런 마음을 가지게 하는 시작은 리더가 구성원들이 리더만큼 소중한 존재라는 것을 진정성 있게 인정해 주는 것이다.

　칭찬은 인정의 한 방법으로 잘한 것을 알아주는 것이다. '칭찬은 고래도 춤추게 한다'는 말은 진실이다. 그래서 리더는 부하들을 적극적으로 칭찬할 줄 알아야 하며 나도 부하들 개개인의 칭찬거리를 적극적으로 찾아서 맞춤식 칭찬을 해주도록 노력했다. 심지어 벌을 줄 때도 칭찬을 먼저 하고 난 뒤에 잘못을 질책하였다. 그리고 아직 잘하지 못한 부하들을 위해서는 그의 잠재력과 자세를 미리 칭찬해 주어 부하들의 의욕을 고취시켜 주었다. 그런데 부하들은 칭찬한 방향으로 정말 변화하였다. 나는 『성공하고 싶다면 오피던트가 되라』는 책을 쓰면서, 이런 칭찬 방법을 '기대칭찬'이라 이름 붙였다.

넷째, 사랑

사랑은 한마디로 '부하들을 위하여 마음을 쓰는 것'이다. 리더는 조직을 이끌기 위해서 당연히 머리를 써야 한다. 그런데 사람의 마음을 얻기 위해서는 머리보다 마음을 먼저 써야 하는 것이다.

나는 지휘관을 할 때는 부하들과 늘 동고동락하면서, 오기 장군이 부하의 등창에 생긴 고름을 입으로 빨아준 고사를 마음에 새겼다. 대대장 때는 장거리 행군이 끝나면 군의관과 함께 부하들의 발을 일일이 확인하고 퇴근했으며, 부하를 영창에 보냈을 때는 꼭 면회를 갔다. 또 영창을 직접 운영하는 사단장, 군단장 시절에는, 명절 때마다 음식을 가지고 영창에 가서 수감 중인 병사와 같이 먹었다.

내가 사단장을 한 철원지역은 유난히 추운 지역이다. 그래서 나는 날씨가 추워지면 수시로 GOP에 나가 야간 경계근무를 서는 병사들과 함께하며 그들을 격려하였고, DMZ에서 밤새 매복을 하고 새벽에 철수하는 부하들을 위해서는, 따뜻한 차를 가지고 가서 철책 통문에서 기다렸다가, 차를 따라 주며 그들의 언 손을 만져주었다.

나는 군 생활 내내 부하들의 생명과 안전을 위한 기도로 하루를 시작하였다.

다섯째, 엄함

군대는 기본임무가 전쟁에 대비하고, 전쟁이 나면 싸워서 이김으로써 나라를 지키는 것이다. 또 군대는 피 같은 국민들의 세금으로 운영되는 조직이다. 그래서 부하들을 아끼고 사랑하되, 부하가 군인다운 기강을 흩뜨리는 행동을 하거나, 부정을 저지르는 행위는 엄하게 다스려야 한다.

이러한 원칙은 사회조직 어디서나 마찬가지로 필요하다고 생각한다.
나는 지휘관을 할 때 위와 같은 점을 명심하고, 부하들에 대한 사랑을 바탕으로 하면서도 군대다운 위계질서를 문란케 하는 행위, 인권을 침해하고 단결을 저해하는 구타 가혹행위, 군대물품이나 금전 관련 부정행위 등은 엄하게 다스렸다. 나는 인仁을 바탕으로 하면서도 엄嚴이 균형을 이루도록 하여 부하들로 하여금 "우리 지휘관은 우리를 정말 사랑하지만, 군인답지 않은 잘못은 절대 용서하지 않는다."라는 인식이 함께 있도록 해야 한다는 것을 늘 유념했다.

여섯째 조언

진정성 있는
인간관계를
만들어라

왜
인간관계인가?

미국의 카네기 재단에서, 사회적으로 성공한 1만 명을 대상으로 성공 비결을 조사한 적이 있었는데, 85%의 사람들이 인간관계를 잘했기 때문이라고 답했다고 한다. 또 하버드 대학에서도 1938년부터 시작하여 무려 75년 동안 인간의 삶에서 무엇이 가장 중요한 요소인지에 대해 연구를 한 바 있는데, 사람의 건강과 행복에 가장 큰 영향을 준 요소는 좋은 인간관계였다고 한다.

한자의 사람 人자만 보아도 사람은 서로 의지하지 않고는 살 수 없는 존재라는 것을 한눈에 알 수 있다. 진정성 있고 인간미 넘치는 자연스러운 인간관계는, 사회생활에서 무엇보다 소중한 자산이고 행복한 삶을 만들어 주는 든든한 기둥이다. 그래서 "빨리 가려면 혼자 가고 멀리 가려면 함께 가라."는 말은 진리인 것이다.

좋은 친구야말로 인생의 보물이다

인간관계에서 최고의 보물은 좋은 친구를 얻는 것이라고 생각한다. 가장 멀리까지 함께 가는 사람도 친구다. 그래서 결혼은 안 하고도 살 수 있지만, 친구 없이는 살 수 없는 것이 인생이다.

그래서 진정한 친구 하나만 있어도 성공한 인생이고 행복한 인생이 될 것이다.

나는 전우라는 말을 참 좋아한다. 전우는 전쟁터에서 맺어지는 친구고, 실제로 삶과 죽음까지 함께 하는 사이다. 그래서 나는 지휘관으로 있는 동안 "나의 가장 큰 바람은, 내가 이 직책을 떠났을 때 여러분들에게 지휘관이 아니라 한 사람의 전우로 기억되는 것이다."라고 말했고, 지금도 소대원, 중대원들과도 전우애를 나누고 있다. 그리고 나에게는 위의 두 사례처럼 보물 같은 친구가 있다. 그래서 내 인생은 언제나 든든했고 참 행복하다.

여러분도 이런 저런 친구가 많이 있겠지만, 에우다미다스처럼 정말 좋은 친구를 꼭 만들기 바란다.

좋은 친구를 얻는 길은 내가 먼저 좋은 친구가 되는 것이다.

우리는
어떤 사람에게 끌리는가?

　　　　　　　　세상을 살아가면서 만나는 모든 사람을 좋은
친구로 만들 수는 없다. 또 정말 좋은 친구는 많을 필요도 없다. 그러
나 누구에게나 '만나면 반가운 사람', '왠지 마음이 끌리는 사람'은 될
수 있고, 또 그렇게 되어야 성공과 행복을 얻을 수 있다.

　　세상을 살면서 만들어지는 인간관계에는 여러 형태가 있다. 어릴
때 한 동네에서 자란 죽마고우부터 시작해 학교 친구, 군대 동기, 직
장 동기 등 자연발생적인 인간관계가 있고, 비즈니스를 통해서 만나
게 되는 업무적인 인간관계도 있으며, 요즈음은 외국인과의 인간관
계도 많아졌다. 그래서 인간관계를 만들고 관리하는 방법도 인간관
계의 형태와 상황에 따라 맞춤식의 세심한 배려가 필요하기도 하다.

그런데 내 경험으로 보면 자연적으로 생긴 인간관계든 업무상 생긴 인간관계든, 정말 중요한 것은 매너적이고 테크니컬한 배려보다 사람을 대하는 기본적인 마음과 자세였다. 나는 상대방이 누구든지 차별함이 없이 소중하고 반갑게 대해주며, 따뜻한 배려와 진솔한 인간미가 있는 사람이 되면 누구나 좋아하고 끌리는 인간관계를 만들수 있다고 생각한다. 나는 유학을 하고 군사외교를 하면서 외국 사람들과도 많은 관계를 가졌었는데, 문화와 정서에 차이가 있음에도 불구하고 이러한 인간관계의 원리는 크게 차이가 없다는 것을 알 수 있었다.

나는 인간관계에 필요한 가장 보편적인 원리는, "네가 대접 받고 싶은 대로 먼저 대접하라."와 "네가 싫은 것은 남에게 하지 마라."는 예수님과 공자님의 말씀에서 찾을 수 있다고 생각한다. 그래서 나는 이 말씀들을 늘 마음에 새기며 다음 여섯 가지를 실천하려고 노력했다.

좋은 인간관계를 만드는 여섯 가지 덕목

첫째, 웃는 얼굴로 반갑게 인사하기

둘째, 따뜻하게 말하고 경청하기

셋째, 상대방 입장 존중하기

넷째, 약속 잘 지키기

다섯째, 예의 바르고 겸손하기

여섯째, 인간미 잃지 않기

첫째, 웃는 얼굴로 반갑게 인사하기

대기업 인사 담당자들의 이야기를 들어보면, 신입사원을 뽑을 때 70~80%는 첫인상만 보아도 뽑을지 안 뽑을지를 알 수 있다고 한다. 대인관계에 있어서 첫인상이 그만큼 중요한 것이다. 여기서 참 다행인 것은 타고난 얼굴이 아니라 인상이라고 한 점이다. 우리가 타고나는 얼굴은 선택할 수 없지만, 인상은 선택할 수 있기 때문이다. 즉 본인의 노력으로 얼마든지 좋은 인상을 만들어 낼 수 있는 것이다.

그런데 첫인상은 4초 안에 결정된다고 하는데 이 시간 안에 이루어지는 것은 첫인사가 전부다. 내가 보아도 인사하는 것 하나만 보아도, 끌릴 사람인지 아닌지 감이 오는 것이 사실이다. 퉁명스런 말투로 툭 던지는 사무적인 인사와, 미소 띤 얼굴에 따뜻한 말투로 반갑게 하는 인사는 분명히 차이가 있다.

얼굴 중에 최고의 얼굴은 단연 밝게 웃는 얼굴이다. 밝게 웃는 얼굴은 그 사람의 마음이 긍정적이고 적극적이며, 따뜻한 인간미가 있다는 것을 말하지 않고도 드러낸다.

'뒤센 미소'라는 것이 있다. 이것은 폴 에크너 박사가 진실된 미소에 붙인 이름인데, 그는 진실된 미소는 눈가의 근육과 입가의 근육이 함께 움직이며 뺨의 근육이 당겨져 올라가는데, 인위적으로는 도저히 만들 수 없는 미소라는 것을 알았다. 반대로 '팬암 미소'라는 웃음이 있는데, 이것은 팬아메리카항공사 승무원들의 미소처럼 입 꼬리만 살짝 올라간 인위적인 미소다.

그런데 하커와 켈트너라는 두 학자가, 미국 캘리포니아에 있는 밀스 칼리지의 여자 졸업생 141명의 졸업사진을 보고, '뒤센 미소'를 지은 사람과 그렇지 않은 사람을 30년간 추적 조사를 해보았다고 한다. 그랬더니, '뒤센 미소'를 지은 사람이 이런 미소를 짓지 않은 사람들에 비해 병원에 가는 빈도수가 낮았고, 돈도 더 많이 벌었으며, 이혼율도 낮았다고 한다.

나도 임관 후 첫 근무지에서 사람들과 인사를 나누면서, 웃는 얼굴로 반갑게 하는 인사의 중요성을 알게 되었고, 그때부터 웃는 얼굴로 반갑게 인사하기를 평생 실천하였다. 그런데 세월이 흐른 뒤에 정말 중요한 것을 또 깨닫게 되었는데, 이렇게 인사를 하니까 다른 사람에게 좋은 인상을 주는 것은 물론이고, 내 자신의 마음도 밝고 긍정적이며 따뜻해지는 것이었다.

그래서 나는 여러분에게 진심으로 권한다. 출근 시 입구에서 만나는 수위 아저씨나, 화장실 갔을 때 만나는 청소 아주머니 등, 사람을 만나면 누구에게나 밝게 웃으며 따뜻한 말로 먼저 인사하기 바란다. 사회생활을 하면서 인사 하나만 잘해도 좋은 인상의 50%는 만들 수 있다. 그리고 당장 한번 시험해 보기 바란다. 기분이 언짢은 일이 좀 있더라도, 아침에 만나는 사람마다 웃으며 반갑게 인사하다 보면,

오전이 가기 전에 기분이 전환되어 있는 자신을 발견하게 될 것이다. 내 이야기는 3부에서 좀 더 하기로 하겠다.

둘째, 따뜻하게 말하고 경청하기

여러분은 사람을 대할 때 가장 유념해야 할 것이 무엇이라고 생각하는가? 이에 대한 나의 대답은 '좋은 말버릇'이다. 인간관계란 글자 그대로 사람과 사람 사이를 말하는데, 이 사이를 이어주는 것을 우리는 소통이라 하고, 이 소통의 대부분은 말로 이루어진다. 그래서 말하기가 정말 중요하고, 좋은 말버릇을 가졌다면 인격의 절반은 완성된 것이라고 나는 생각한다.

에모토 마사루가 쓴 『물은 답을 알고 있다』란 책에는 말의 힘이 얼마나 큰지를 과학적 방법으로 잘 설명하고 있다. 이 책을 보면, 유리병에 물을 넣고 '사랑, 감사' 같은 말을 했을 때는 물의 결정이 아름다운 눈꽃 모양으로 나타나고, '망할 놈, 짜증 나네' 같이 부정적이고 증오에 찬 말을 했을 때는, 물의 결정이 보기 싫게 일그러진 모습으로 나타나는 것을 사진으로 선명하게 보여주고 있다.

여러 책들을 보고 또 내 경험을 보더라도 인간관계가 잘되고 못 되고는 말에 크게 좌우되는 것이 분명하다. 부부가 이혼하는 사례를 연구한 한 조사에 따르면, 실제 이혼까지 가는 이유는 부부싸움을 시작한 이유보다 부부싸움을 하는 과정이 잘못 되어서 이혼하는 경우가 훨씬 많고, 잘못된 과정의 90%는 말을 잘못하는 것이라고 한다. 서로의 감정을 북돋우고, 자존심을 상하게 하는 말로 부부싸움을 하니까, 상처와 분노가 깊어져서 결국은 헤어지게 된다는 것이다.

한강다리에는 '생명의 전화'가 있는데, 자살을 하려던 사람들이 생명의 전화에서 들리는 따뜻한 한마디에 마음을 바꾸는 경우가 많다고 한다.

말 한마디가 죽을 사람을 살리기도 하고, 사랑하는 사람과 헤어지게도 만드는 것이다.

- 조금만 더 따뜻하게 말하자

우리 속담에 '말 한마디로 천냥 빚을 갚는다'란 말이 있다. 이 말은 말로서 사람의 마음을 움직였다는 것인데, 그럼 사람의 마음은 어떤 말에 움직일까? 사람의 마음은 한마디로 진정성 있고 따뜻한 말에 움직인다고 나는 생각한다. 어떤 말이라도 진정성이 담겨 있지 않으면 감동을 줄 수 없고, 따뜻하지 않은 말로는 사람의 마음을 녹일 수 없다.

이솝 우화에 보면 햇빛과 바람이 지나가는 나그네의 옷을 벗기는 내기를 하는 이야기가 나온다. 바람이 나그네의 옷을 벗기려고 아무리 세게 불어도, 나그네의 옷을 벗기기는커녕 바람이 셀수록 나그네는 옷을 단단히 여미는 것이었다. 바람이 잦아들고 햇빛이 나그네를 따뜻하게 비추었다. 그러자 나그네는 이마의 땀을 씻으며, 날씨가 참 변덕스럽기도 하다면서 스스로 옷을 벗었다는 이야기다.

나는 젊은 시절부터 '말 한마디로 천냥 빚을 갚는다'는 말을 믿었다. 그리고 세상을 살면 살수록 이 말의 가치를 더 절실하게 느끼게 되었다. 내 이야기는 3부 인생밑천에서 좀 더 하기로 하겠다.

– 남의 말을 잘 들어주자

말을 잘하는 것보다 더 중요한 것은 다른 사람의 말을 잘 들어주는 것이다. 말을 잘하는 사람은 부러움의 대상이 되기는 하지만, 사람들이 정말 좋아하는 사람은 말을 잘하는 사람보다 내 말을 잘 들어주는 사람이다. 그래서 자기의 이야기를 진지하게 들어주는 사람은 인간적으로 마음이 끌리고 좋아하게 되는 것이다.

그런데 남의 말을 잘 듣는 것이 쉬운 일은 아니다. 남의 말에 귀를 기울이려면 많은 집중력과 주의를 기울여야 하기 때문에, 말하는 것 못지 않게 에너지가 소모되는 일이며, 끝까지 다 들어주려면 때론 많은 인내심도 필요하다.

그러나 크게 보면 내가 말을 잘해서 얻는 것보다 남의 말을 잘 들어서 얻는 것이 더 많다. 내가 먼저 상대방의 말에 진정성 있게 귀를 기울여주면, 그 사람 역시 내 말을 소홀하게 듣지 않을 뿐만 아니라 인간적인 신뢰를 가지게 된다. 그리고 남의 말속에는 많고 적음의 차이는 있겠지만, 내가 배울 것이 틀림없이 들어 있다. 정말 지혜로운 사람은 자기가 많은 지혜를 가진 사람이 아니라, 남의 지혜를 자기 지혜처럼 쓸 줄 아는 사람이다. 인류 역사상 가장 큰 제국을 이룬 칭기즈칸은 글을 배우지 못해 자기 이름도 쓸 줄 몰랐다. 그러나 그는 항상 남의 말을 귀 기울여 들을 줄 알았다. 칭기즈칸은 "내 귀가 나를 현명하게 만들었다."고 이야기한다.

나는 리더로서 부하들의 말은 의식적으로 잘 들으려 했지만, 사적인 인간관계에서는 남의 말을 귀 기울여 듣는 것이 많이 부족했었다. 결혼을 해서 아내가 말해 주기 전까지는 나에게 경청의 자세가 부족한 것 자체를 잘 몰랐다. 나는 늘 내가 말하는 것에만 집중하고, 남이 하는 말에는 잘 주목하지 않거나, 남의 말을 끊고 화제를 돌리는 잘못을 했던 것이었다. 아내의 조언을 들은 후 경청하는 자세에도 많은 관심을 가졌다.

나는 계급과 지위가 올라가면서, 부하들의 말을 더 귀담아듣고, 부하들이 하고 싶은 말을 언제든지 할 수 있도록 분위기와 여건을 만드는 데 많은 관심을 기울였다. 나는 특히, 내 잘못을 지적하거나 비판하는 이야기에 더 귀를 기울였고, 부하들에게도 늘 그런 비판적인 이야기를 해주도록 진심으로 주문하였다. 못한다는 이야기보다 잘한다는 이야기가 더 듣기 좋은 것은 인지상정이다. 그러나 속담에 '입에 쓴 약이 몸에 좋다'는 말이 있는데, 역사적 교훈이나 내가 살아온 경험에 비추어볼 때 이 말은 진리다. 지혜로운 사람은 이 속담의 가치를 안다.

셋째, 상대방 입장 존중하기

사람의 마음은 누구나 자기를 알아주고 자기를 존중해주는 사람에게 끌리게 되어 있다. 설령 상대가 아무리 대단한 사람이라도, 자기를 존중해 주지 않는 사람과는 친해질 수 없는 것이다. 상대방에 대한 존중의 마음이 좋은 인간관계를 만들게 하는 바탕인 것이다.

나는 지금까지 살아오면서 상대방 입장을 존중하는 것이 개인적인 인간관계나 공적인 업무관계 모두에서 얼마나 중요한 요소인지 수없이 경험하였다. 심지어는 국가 대 국가차원의 중요한 협상을 하는 데 있어서도 내 입장만 생각하는 것이 아니라 상대방의 입장도 존중하는 마음을 가질 때 결과적으로 일이 잘 풀렸다. 이것에 대해서는 세 번째 조언인 '인격에 먼저 투자하라'에서 많이 이야기하였으니 그것을 보기 바라며, 여기에서는 두 가지만 더 이야기하려 한다.

상대방을 존중하는 것에서는 무엇보다도 상대방의 존재감, 즉 '있는 그 자체'를 알아주고 소중하게 생각해야 한다는 점이다. 우리 사회에는 '왕따'라는 현상이 있는데, 이것은 집단 내에서 어느 한 사람의 존재감을 인정하지 않는 것이다. 사람은 남들이 자기 흉을 보거나 폄하하는 것보다 자기의 존재 자체를 무시할 때, 즉 자기를 투명인간 취급할 때 가장 마음이 상하게 되는 것이다. 범죄의 사슬에서 벗어나지 못하거나 자살을 생각하는 사람들이 가지는 가장 큰 문제점도, 남들로부터 존재감을 인정받지 못하는 것이다. 그래서 사랑의 반대는 증오가 아니라 무관심이라고 하는 것이다.

나는 대대장 때 문제병사 한 사람과 두 시간을 이야기한 적이 있었다. 그 병사는 폭력전과가 있었는데, 사람들이 색안경을 끼고 자기를 보고, 누구도 자기의 이야기를 진지하게 들어주지 않는 것이 가장 큰 불만이었다. 나는 그 병사의 이야기를 진지하게 다 들어주고, "너 같은 병사도 군에서는 얼마든지 훌륭하게 역할을 할 수 있다."고 인정해 주었다. 그리고, "앞으로는 네가 가진 힘을 정의롭게 한번 써보라."고 조언해 주었다. 이 병사는 그 후 우리 부대에서 없어서는 안 될 모범병사가 되었다.

또 다른 하나는 인격적으로 차별하지 않는 것이다. 존재감이 무시당하는 것만큼 사람의 마음을 상하게 하는 것이 바로 차별 받는 것이다. 가끔 우리 사회를 분노하게 하는 힘 있는 사람들의 '갑질' 논란도, 근본적으로 이런 의식이 부족해서 생기는 것이다. 어떤 사람이건 모두가 존엄한 인격체라는 사실을 절대 잊으면 안 된다.

나는 지휘관을 할 때 항상 지휘관으로부터 이등병에 이르기까지 부대원 모두가 똑같이 소중한 존재라는 것을 강조하였는데, 이것은

제2부 성공과 행복을 위한 10가지 인생조언

단순한 립 서비스가 아니라, 모든 사람의 인격적 존재감과 모든 역할의 중요성에는 차이가 없다는 나의 신념 때문이었다.

그런데 나의 이런 생각이 부대원들의 자존감을 높여주고, 병사들까지 지휘관 같은 마음으로 자기 역할에 충실하게 만드는 동기가 되었다고 생각한다.

넷째, 약속 잘 지키기

인간관계를 유지시키는 가장 기본적인 힘은 서로에 대한 신뢰다. 업무적인 관계든 사적인 관계든 서로 믿을 수 있어야 관계가 성립될 수 있기 때문이다. 신뢰는 약속을 지키는 데서 시작한다. 한자의 믿을 信(신)자는 사람 人(인)과 말씀 言(언)이 합쳐진 글자다. 믿음이라는 것은 사람이 말을 했으면 그것을 행동으로 옮기는 것이라는 의미를 잘 알 수 있다.

말한 대로 행동하는 것을 언행일치言行一致라 한다. 『안창호 평전』에 보면 제일 첫 장에 이런 이야기가 나온다. 어느 날 한 소년이 소년단의 5월 행사에 돈이 필요하니 도산에게 도와 달라고 했다. 도산은 그때 마침 가진 돈이 없어서 4월 26일에 돈을 갖다 주겠다고 약속을 하였다. 도산이 소년의 집을 찾아 간 날은 바로 윤봉길 의사가 상해에서 일본군에게 폭탄을 던지는 의거를 일으킨 날이다. 일본 경찰은 우리의 독립운동가들을 체포하기 위해 곳곳에 잠복 근무를 하고 있었는데 도산은 소년의 집에 갔다가 일본 경찰에 잡혀서 한국으로 압송되었고, 그 뒤 3년 반 동안 옥고를 치르게 되었다.

도산은 어린 소년과의 약속을 지키기 위해 위험도 불사하였던 것이다.

다섯째, 예의를 지키고 겸손하기

우리 사회는 '능력 없는 것은 용서받아도 예의 없는 것은 용서받지 못한다'는 말이 있을 정도로 예의를 강조하는 사회다. 앞으로도 이런 문화는 쉽게 변하지 않을 것이고, 또 예의를 지키는 것은 공동체 생활에서 꼭 필요한 일이다.

특히 지금은 외국과의 교류도 많아지면서, 서양의 예의 범절에 대해서도 잘 알아야 할 필요가 생겼다. 서양에서도 매너, 에티켓 같은 덕목은 여전히 강조되고 있다.

앞에서 이미 언급한 인사와 말버릇, 배려하는 마음과 약속 지키기 등에 추가하여, 외국과의 상거래나 외교를 할 때 필요한 의전적 에티켓 등 상황과 여건에 맞는 예의를 자연스럽고 품격 있게 갖출 줄 알면, 인간관계와 사회활동에서 훨씬 돋보이고 마음이 끌리는 사람이 될 수 있을 것이다.

그리고 겸손은 인간관계에서 참으로 중요한 요소이니, '인격에 먼저 투자하라'에서 이야기한 것을 다시 한번 살펴보기 바란다.

여섯째, 인간미 잃지 않기

좋은 인간관계를 만들기 위해서는, 좋은 인상을 만드는 데 그쳐서는 안 된다. 좋은 인간관계는 일시적인 만남이 아니라 꾸준히 유지되는 관계이며, 정말 좋은 인간관계는 만나면 만날수록 더 끌리는 사람이 되는 것이다.

사람 중에는 객관적으로는 무엇 하나 나무랄 데 없고 예의까지 바른 사람인데, 왠지 편하지가 않고 속내까지 털어 놓기에는 망설여지는 사람이 있다. 그것은 아마 인간미가 없기 때문일 것이다. 사람의 진심은 다소 투박하고 세련되지 못해도 진솔하고 한결같으며, 좀 부족한 것이 있어도 덮어줄 줄 알고 콩 한 쪽도 나누어 먹는 그런 인간미에 끌리는 것이다.

많은 사람들의 사랑을 받았던 드라마 '응답하라 1988'의 매력은 한마디로 '인간미'다. 쌍팔년도 쌍문동 한 골목에 살고 있는 다섯 가족의 와자지껄한 일상사를 그린 이 드라마는, 대사도 거칠고 세련된 매너도 없다. 그러나 이들에게는 인간미가 있었다. 같이 웃고 떠들고 국수 한 그릇 말아서도 나누어 먹는다. 또 까칠하게 따지지 않고 부족함은 덮어주며 계산 없이 나눌 줄 안다. 이들에게서는 된장국 같은 구수한 사람의 냄새가 났다. 사람은 사람 냄새에 끌리는 법이다.

　최고의 인간관계는 떠난 뒤에 더 생각나는 사람으로 남을 수 있는 것이며, 떠난 뒤에 더 생각나는 사람은 틀림없이 인간미가 있는 사람이라고 나는 생각한다.

일곱째 조언

남과 경쟁하지 말고
자신과 경쟁하라

우리는
왜 경쟁하는가?

매년 입시철이 되면 대학을 가기 위한 입시 경쟁이 치열하고 취업 경쟁은 더욱 치열하다. 이런 경쟁을 해서 어렵게 취업을 해도 또 끊임없이 승진경쟁을 해야 한다. 대기업의 경우 신입사원 중 겨우 1퍼센트 정도의 인원만이 임원 지위에 올라간다.

세상의 모든 생명체가 가지는 가장 원초적인 본능은 생존본능이다. 그래서 모든 생명체는 살아남기 위해서 경쟁을 하게 되어 있다. 이것을 우리는 '생존경쟁'이라고 한다. 사람도 생명체이기 때문에 이 원리에서 벗어날 수 없다. 더욱이 사회조직은 대부분 피라미드 구조이며, 또 사람은 발전지향적 존재이기 때문에 경쟁이 더욱 치열해질 수 밖에 없다. 그래서 경쟁은 인간의 숙명이다.

그러나 큰 틀에서 보면 경쟁이 꼭 나쁜 것은 아니다. 동물세계에서는 경쟁을 통해 종족이 건강하게 잘 보존될 수 있고, 인간세상에서도 경쟁이 개인이나 조직의 능력을 키우고, 건전한 발전을 만드는 원동력이 되기 때문이다. 건전한 경쟁이 없으면 개인과 조직 모두 발전이 없거나 퇴보하고, 결국은 공멸에 이를 수도 있다는 것이 역사의 교훈이다.

그래서 우리가 해야 할 것은 경쟁을 회피하는 것이 아니라 건전한 경쟁을 당당하게 하되, 경쟁이 가지는 부정적인 요소를 최소화할 수 있도록 지혜롭게 경쟁을 하는 것이고, 또 사회와 국가는 이러한 경쟁이 페어플레이가 되도록 공정하게 관리하는 것이 중요하다.

어떻게
경쟁해야 하나?

경쟁의 원리

경쟁은 단순화 시켜보면 어떻게 경쟁상대보다 상대적으로 우세한 위치를 차지하느냐의 게임이다. 운동경기를 보면 경쟁력이 상대보다 우세하여 이기기도 하고, 때로는 상대선수가 못해서 이기게도 된다. 이러한 경쟁의 속성은 자칫 우리에게 자기가 잘하기보다 경쟁상대가 못해 주기를 바라는 마음이 들게 할 수 있고, 또 편법이나 부당한 방법을 써서라도 상대적 우위를 만들려는 유혹에 빠지게 할 수 있다.

그런데 내가 지금껏 살아 온 경험에 비추어 보면, 훌륭하게 세상을 산 사람들은 한결같이 차별화된 상대적 경쟁력을 키우는 방법으로 성공하였다. 얄팍한 편법이나 불법적 방법을 사용하거나, 또는 상대방의 실수나 약점을 이용하여 경쟁에서 이기고자 하는 사람들은, 결국은 인생에 큰 오점을 만들고 지탄을 받는 사람이 되었다.

그렇다면 경쟁이 불가피한 사회에서 당당하게 박수를 받으며 승리하는 방법이 무엇일까? 그런 경쟁방법이 있기는 있을까?

블루오션 전략

경영학에 보면 '블루오션 전략Blue Ocean Strategy'이 있다. '블루오션 전략'은, 프랑스에 있는 유럽경영대학원 인시아드의 한국인 김위찬 교수와 르네 모보르뉴 교수가 1990년대 중반에 가치혁신 이론과 함께 제창한 경영전략이론으로서, 수많은 경쟁자들이 우글거리는 레드오션Red Ocean에 뛰어들기보다 발상의 전환을 통해 매력적인 제품과 서비스를 만들어 자신만의 독특한 시장을 창출함으로써, 경쟁자들이 없는 무경쟁시장, 즉 블루오션을 개척하는 경영전략이다.

또 손자병법에 보면 '不戰而 屈人之兵 善之善者也(부전이 굴인지병 선지선자야)'란 말이 있다. 즉 '싸우지 않고 이기는 것이 최선이다'란 말이다. 전쟁을 할 때도 적과 싸워서 이기려면 많은 인적 물적 피해가 발생하고, 그래서 자칫 승리를 하고도 결과적으로 더 큰 손해를 가져올 수 있으니, 할 수만 있다면 싸우지 않고 이기는 방법, 즉 부전승不戰勝 전략을 추구하라는 것이다.

자신과
경쟁하라

나는 사회생활을 하면서도, 앞에서 말한 '블루오션 전략' 같고, 손자병법의 '부전승 사상' 같은 방법으로 경쟁하는 지혜가 필요하다고 생각한다. 나는 이런 노하우가 바로 '남과 경쟁하지 않고 자신과 경쟁하는 것'이라고 생각한다.

러시아 소치 동계올림픽을 며칠 앞둔 2014년 2월 3일자 조선일보 사회면에는 '발의 눈물로 쓰는 소치 드라마'라는 제하에 세 장의 발 사진이 실렸고, 사진 밑에는 각각 이런 설명이 붙어있었다.

첫째 사진, "쇼트트랙 이한빈의 혹 같은 굳은살. 이한빈의 어머니 박옥분 씨는 훈련을 마치고 집에 돌아오면 항상 굳은살과 함께 발이 빨갛게 부어 있어서 마음이 아팠다고 말했다." 둘째 사진, "피겨 여왕 김연아 발은 피멍투성이. 피겨 여왕 김연아의 화려한 피겨 연기 뒤에는 고된 훈련으로 상처가 나고 물집 잡힌 발이 있다." 셋째 사진, "빙속 여제 이상화의 맨발. 스피드 스케이팅 선수들은 착화감을 높이기 위해 맨발로 스케이트를 신는다. 맨발 곳곳에 박인 굳은 살이 보인다".

나는 이 사진을 보면서, '어린 선수들이 발이 이렇게 되도록 훈련을 했으니 그동안 얼마나 많은 피와 땀과 눈물을 흘렸을까?'라는 생각이 들어 한참 동안 마음이 숙연해졌었다. 그리고 경쟁에서의 승리는, 결국 자기 자신과 싸워서 이긴 사람에게 돌아가는 것이라는 진리를 다시 한 번 확실하게 인식할 수 있었다.

김연아 선수는 올림픽 금메달을 비롯해서 셀 수 없이 많은 상과 국내외 언론의 스포트라이트를 받으며 화려하게 선수생활을 하였다. 그러나 김연아 선수 자신은 선수생활을 한 대부분의 기억은 힘겨웠던 기억이라고 고백하고 있다. 또 우리는 김연아 선수가 영원한 라이벌이었던 아사다 마오를 비롯해 다른 경쟁자들을 이겼기 때문에 1등을 했다고 생각한다. 물론 틀린 말은 아니지만 사실 그런 경쟁자들은 김연아 선수가 경쟁한 것의 5%에도 미치지 못한다. 김연아 선수가 쓴 '김연아의 7분 드라마'에는, "많은 사람들이 아사다 마오와 나를 라이벌이라 규정하고 매 시즌 비교한다. 하지만 나의 가장 큰 경쟁 상대는 바로 나 자신이다. 모든 일은 결국 나 자신과의 싸움이다." 란 글이 있다.

자신과의 경쟁이 좋은 점 3가지

내가 여러분에게 남과 경쟁하지 말고 자신과 경쟁하라고 권하는 것은 그냥 해보는 말이 아니다. 이것은 인생을 성공적으로 살았던 사람들이 모두 사용했던 원리이며, 내 경험으로 보아도 충분히 좋은 방법이기 때문이다.

자신과의 경쟁이 좋은 이유

첫째, 경쟁에서 이기는 가장 확실한 방법이다

둘째, 가장 쉬운 경쟁방법이다

셋째, 후유증과 상처 없이 이기는 방법이다

– 첫째, 경쟁에서 이기는 가장 확실한 방법이다

경쟁은 상대적인 것은 분명하지만, 경쟁력은 결국 자신이 만드는 것이고, 자신의 능력을 확실히 키워 놓으면 어떤 상대와 경쟁해도 이길 수 있기 때문이다. 우리나라 여자 양궁이 올림픽 9연패의 신화를 쌓고 여자 골프가 미국 LPGA를 휩쓸고 있는 것은, 기본 능력을 충분하게 만들고, 또 어떠한 상황에서도 흔들림 없이 자신의 실력을 발휘할 수 있는 훈련이 되어 있기 때문이다.

군인들이 바이블처럼 생각하는 손자병법 중에서, 내가 가장 명심하는 원리가 두 가지 있다. 하나는 '先勝以後求戰(선승이후구전)'이다. 즉

'이겨놓고 싸운다'는 원리다. 군인은 전투를 하면 반드시 이겨야 한다. 이기는 군대만이 나라를 지킬 수 있기 때문이다. 그러기 위해서는 철저하게 준비하는 것이 유일하고도 가장 확실한 방법이다. 또 다른 하나는 '無恃其不來 恃吾有以待也^(무시기불래 시오유이대야)'인데, 이것은 '적이 오지 않을 것을 믿지 말고, 내가 적이 올 것에 대비하고 있음을 믿어야 한다'는 말이다.

전쟁에서도 이기고 지는 것이 결국은 나 자신에게 달려있다는 것을 손자병법은 분명하게 이야기하고 있는 것이다.

나는 개인적인 삶에서도 이런 원리를 명심해야 한다고 생각한다. 승자와 패자는 일이 잘 안 되었을 때의 자세에서 가장 큰 차이가 난다. 패자는 일이 잘 안 된 원인을 남의 탓, 세상 탓, 심지어는 세상에 있지도 않은 조상 탓으로 돌리는 일이 있다. 근본 원인은 나에게 있는데 밖에서 원인을 찾으니 진단 자체도 잘못되었고 확실한 대안도 안 나오는 법이다. 그러나 승자는 그 원인을 늘 자신에게서 찾으니 의지만 있다면 자기가 얼마든지 주도적으로 대안을 마련해서 결국은 승리하게 되는 것이다.

– 둘째, 가장 쉬운 경쟁방법이다

경쟁을 남과 하는 것으로 생각하는 사람은, 입사 동기가 모두 경쟁상대가 되고, 승진 때가 되면 승진 대상자들이 다 경쟁상대가 된다. 그래서 경쟁상대의 일거수일투족에 신경이 쓰이고, 혹 자기가 불이익 받는 일이 없는지 불안해하기도 한다. 그런데 남과 경쟁하지 않고 자기와 경쟁하는 사람은 자기 일에만 신경 쓰면 된다. 경쟁상대 모두와 경쟁하는 것과 자기 한 사람하고만 싸우는 것과 어느 것이 더 쉬운 일이겠는가?

물론 학교에서 공부를 할 때, 1등 하는 사람을 따라잡는 것을 목표로 공부할 수 있다. 이렇게 하면 목표가 선명해져서 집중이 더 잘되고 의지를 효과적으로 유지할 수도 있다. 이렇게 경쟁상대를 Pace maker처럼 활용하는 것은 있을 수 있는 일이라고 생각한다. 그러나 거기까지가 전부여야 한다.

누군가를 이기는 것 자체가 목표인 사람은 목표를 향해서 달리는 사람을 당할 수 없다. 바로 토끼와 거북이 같은 결과가 나오기 때문이다. 토끼는 상대를 보고 달리는 사람이고 거북이는 목표를 보고 달리는 사람이다. 내 인생의 기준을, 수준도 제 각각이고 수시로 변화하는 경쟁상대로 정하는 것은 매우 위험한 일이며, 또 남을 자기 삶의 주인으로 삼는 것과 같다. 내 삶의 주인은 내가 아니던가?

그러니 내 삶의 목표도 내가 세우고, 내 수준에 맞추어 내 페이스대로 달려야 한다. 움직이는 많은 상대와 경쟁하기보다 항상 그 자리에 있는 목표와 경쟁하는 게 훨씬 쉽다. 내 생각은 그렇다.

– 셋째, 후유증과 상처 없이 이기는 방법이다

경쟁은 분명히 상대가 있는 게임이다. 그런데 아무리 경쟁 상대라도 상대가 나보다 객관적으로 우수한 능력을 가지고 있고, 또 그 과정이 페어플레이였다면, 우리는 비록 졌어도 깨끗하게 승복을 하고 승자에게 박수를 보낸다. 경쟁에서 이겨도 이렇게 이겨야 한다. 그런데 남과 경쟁을 하게 되면 졌을 때 마음이 불편하고, 경쟁의 룰과 관리에 불만이 생기기 쉽다. 또 상대가 잘 안 되기를 바라는 바르지 못한 마음이 생길 수도 있다.

그래서 경쟁에서 이긴다 하더라도 당당하지 못하고, 후유증과 상처가 남기 쉽다. 이런 후유증과 상처는 인간관계에 흠이 되고, 더 큰 성공을 이루는 데 장애가 될 수 있다. 나는 실제 이런 사람들을 많이 보았다. 자신의 실력보다는 소위 잘나가는 사람에 편승해서 쉽게 출세하다가, 그 사람이 무너질 때 함께 무너지는 사람도 보았고, 경쟁상대를 흠을 내서 잘되려고 하다가, 결국 자기도 잘못되고 동료와 인심을 모두 잃는 사람도 많이 보았다.

군대도 하나의 직장이고 계급사회이기 때문에 진급 경쟁이 불가피하고 걱정들도 하게 된다. 그런데 내가 진짜 걱정했던 것은 진급이 안 되는 것이 아니라, 내가 진급을 했을 때 더 큰 책임을 맡을 만한 준비가 되어 있는 사람인가였다. 군대의 장교가 유능하지 못하면 나라의 운명이 잘못될 수 있기 때문에, 나는 혹 나라가 나에게 더 큰 임무를 주었을 때 이를 수행할 준비가 되어 있지 않으면 안 된다는 걱정을 했다. 그래서 나는 남과 경쟁을 하는 데 신경 쓸 겨를도 없었고, 그 시간에 임무를 하나라도 더 챙기고, 내 능력을 조금이라도 더 키우는 것이 옳은 자세고 지혜로운 처신이라고 생각했다.

그런데 돌이켜 보면, 이렇게 경쟁보다 성장을 추구한 자세가, 오히려 진급이나 인간관계 모두에서 나를 더 잘되게 한 것이 분명했다.

공자님께서도 "벼슬이 없음을 걱정하지 말고, 그런 자리에 설 능력이 없음을 걱정해야 한다."라고 말씀하셨다.

제2부 성공과 행복을 위한 10가지 인생조언

자신과의 경쟁은
결국 의지의 싸움이다

내 삶의 진짜 경쟁상대는 바로 내 안에 있다.

싸워서 이겨야 할 내 안의 경쟁상대

첫째, 해보지도 않고 안 될 이유부터 찾는 '부정적인 나'

둘째, 온갖 핑곗거리를 만들어서 미적거리며 미루는 '게으른 나'

셋째, 일은 야무지게 하지 않으면서 상사의 눈치나 보고 퇴근 시간이나
　　　기다리는 '소극적이고 열정이 없는 나'

넷째, 몇 번 해보지도 않고 싫증을 느끼고, 조금만 어려우면 금세 마음을
　　　바꾸는 '참을성 없고 쉽게 포기하는 나'

다섯째, 내 일만 챙기고 남과 조직의 입장은 생각지 않는 '속 좁고 이기적인 나'

우리가 성공하는 삶을 살려면 이런 내 안의 경쟁상대들과 싸워서
꼭 이겨야 한다. 그렇지 않고서는 결코 성공할 수 없다.

그런데 내 경험으로 보면 이러한 자신과 경쟁의 핵심은 결국 의지의 문제인 것 같다. 왜냐하면 성과는 단순화하면 능률과 시간의 산물이기 때문이다. 이것을 산술적으로 표시하면 이렇다.

$$성과 = 능률 \times 시간$$

그래서 무슨 일을 하든 성과를 올리기 위해서는 능률을 높일 수 있는 방법을 강구하여야 하고, 또 시간을 많이 투자해야 한다. 여기에서 더 중요한 것은 시간요소다. 사람은 유능함의 정도에 따라 능률에 차이가 있을 수 있지만, 인생이라는 차원에서 보면 결국은 누가 더 꾸준하고 성실하게 노력했느냐에서 차이가 많이 나기 때문이다.

그런데 사람들은 처음 시작할 때는 각오와 열정이 대단하지만, 시간이 갈수록 이런 각오와 열정은 약해지는 속성이 있다. 그래서 남다른 성공을 거두기 위해서는 이러한 인간적 속성과 한계를 극복해야 하고, 시간이 흘러도 한결같이 각오와 열정을 유지할 수 있어야 한다. 이것이 바로 의지다.

무슨 일이건 마지막 결승선으로 나를 이끌어 주는 것은 '불굴의 의지'이며, 이 세상에 '불굴의 의지' 없이 이루어진 성공은 하나도 없다고 나는 단언할 수 있다.

의지를 키우는
지혜

우리가 먼 길을 가려면, 목적지에 도착할 때까지 기름이 떨어질 때마다 다시 채워야 하듯이, 자신이 세운 목표를 달성하려면 주기적으로 처음 시작할 때에 가졌던 각오를 새롭게 다지고, 열정을 다시 피어 오르게 해야 한다. 그런데 이것을 행동으로 옮기는 것이 생각처럼 쉽지 않다. 그래서 예로부터 의지가 약해지지 않도록 하기 위해 많은 지혜를 발휘하였다.

중국 고사에 보면 와신상담臥薪嘗膽이란 말이 있다. 이는 중국 춘추전국시대에 오나라와 월나라 간에 전쟁을 하면서, 오나라 왕 부차와 월나라 왕 구천이 전쟁에서 패배한 것을 설욕하기 위해서, 가시가 많은 나무 위에서 잠을 자고, 쓰디쓴 곰의 쓸개를 매일 핥으면서 승리의 의지를 불태웠다는 고사에서 유래한 말이다.

내가 의지를 키우기 위해 기울였던 노력은 이런것들이다.

나의 의지를 키워준 것들
첫째, 지금 당장 행동하기
둘째, 日日新, 自强不息(일일신 자강불식)
셋째, 일기 쓰기

첫째, 지금 당장 행동하기

– 행동의 힘

생각이 먼저인가, 행동이 먼저인가? 여러분은 어떻게 생각하는 가? 사람은 이성적 동물이다. 그래서 생각한 다음에 행동으로 옮기는 것이 당연한 순서다. 의지는 무엇보다도 이성적이고 정신적인 영역이다. 그럼에도 불구하고 나의 삶을 돌아보면, 나의 의지를 키워준 데는 생각의 힘보다는 행동의 힘이 더 큰 역할을 했다. 나는 의지가 강해서 행동한 것보다 행동부터 해서 의지를 강화시킨 면이 컸고, 이것은 매우 성공적인 노하우였다.

1977년 10월 19일의 내 일기에는, 미국의 소설가 존 스타인벡의 소설 '분노의 포도'의 한 구절이 적혀 있다. "할 수 있을까가 아니라 하겠느냐가 문제다. 할 수 있을까 하고 있다간 우린 아무것도 못하고

만다." 이 소설은 1930년대 경제공황의 어려움 속에서 미국의 한 농부 일가가 겪은 인생 이야기인데, 고향 오클라호마를 떠나 희망의 땅 캘리포니아를 향해 떠나려 할 때, 주인공 조드 일가의 정신적 지주였던 어머니께서 하신 생명의 말씀이다.

우리 속담에 '부뚜막의 소금도 집어 넣어야 짜다'란 말이 있다. 맞는 말이다. 한 가마니의 소금이 부뚜막에 놓여 있다 하더라도, 그 소금은 결코 음식의 맛을 낼 수 없다. 음식의 맛을 내는 것은 단 한 톨의 소금이라도 음식 속에 들어간 것이다. 마찬가지로 아무리 좋은 이치와 지혜를 많이 알고 있다 하더라도, 행동으로 실천하지 않으면 아무 소용이 없는 것이다. 예를 들어 열 권의 책을 읽고 그중에서 두 개의 지혜를 행동으로 옮긴 사람과, 네 권의 책을 읽고 네 개의 지혜를 행동으로 실천한 사람은 어떤 차이가 나겠는가? 그렇다. 비록 읽은 책은 절반도 안 되지만 결과는 네 개의 지혜를 행동으로 실천한 사람이 두 배로 나게 되는 것이다.

– 어떻게 행동으로 옮길 것인가?

나는 신념화된 강한 의지는 생각을 통해서라기보다 행동을 통해서 더욱 확실하게 만들어지는 것이라고 확신한다. 사람들은 보통 어떤 좋은 지혜를 알게 되고 또는 무언가를 해야 할 필요성을 느끼면서도, 발등의 불이 아니거나 확신이 없으면 실제 행동으로 옮기는 것을 주저하다가 결국 버스를 다 놓치고 후회하는 경우가 많다. 나는 이런 문제점을 해결하기 위해 두 가지 지혜를 활용하였다.

첫째는, 젊은 시절에는 행동하면서 생각해도 별 문제가 없을 뿐 아니라 오히려 행동을 할 때 더 좋은 생각도 얻는다는 것이다.

우선 젊은 시절의 시간은 참으로 귀하기 때문에, 막연한 생각으로 낭비할 시간이 없을 뿐만 아니라, 행동은 그 자체가 적극적이고 긍정적이라는 속성을 가지고 있어 행동할 때 더 절실하고 좋은 생각이 떠오를 수 있다. 나는 20대에 노만 필 박사가 쓴 『적극적 사고방식』이란 책을 통해서 "무엇이든 믿음을 가지고 적극적인 행동으로 실천할 때 기적 같은 결과도 만들어진다."는 지혜를 배웠다.

나는 지금까지 살아오면서 이 방법을 통해 많은 성과를 얻었다. 우선 아침 일찍 일어나 상쾌한 공기를 마시며 운동을 하면, 책상 앞에 앉아서 생각할 때보다 오히려 해야 할 일이 더 명쾌하게 정리가 되고, '나는 할 수 있다, 그래 오늘도 한번 해 보자'하는 각오와 자신감이 더 살아났다. 그리고 나 혼자는 도저히 해결할 수 없을 것 같던 난제도, 사람을 만나고 일단 부딪히다 보면 의외의 해결책을 찾은 경우가 참으로 많았다.

여러분도 당장 행동으로 확인해보기 바란다. 아침에 알람이 울리면, 바로 이불을 박차고 일어나 운동복을 입고 밖으로 나가라. 그리고 상쾌한 아침공기를 마시며 달려봐라. 그리고 알람도 한 번에 일어나지 못할까 봐 10분마다 울리게 했다면, 이것부터 한 번만 울리게 당장 바꿔라. 그리고 지저분한 책상도 깨끗하게 정리하고, 책상 앞에 자기의 꿈과 목표를 큼직하게 써 붙인 다음, 그 옆에는 자기가 따라 하고 싶은 롤 모델의 사진을 붙여라. 그리고 자기의 인생에 지표가 될 책 열 권, 아니 단 세 권만이라도 사다가, 밑줄 쳐 가며 정독해 보라. 이런 생활을 속는 셈치고 백 일만 해봐라. 단언하건대 여러분은 몰라보게 달라진 자신을 발견하게 될 것이다. 꿈과 목표가 보다 분명해지고, '나도 할 수 있다', '한번 해보자' 하는 의지와 자신감이 두 주먹을 불끈 쥐게 만들 것이다.

두 번째는 충분히 검증된 삶의 지혜와 이치는 일단 믿고 행동으로 옮기는 것이다.

여러분은 수학시간에 여러 가지 원리들을 배웠을 것이다. 처음에는 선생님께서 이런 원리가 나오게 된 이치를 논리적으로 설명을 해 주신다. 사실 이 단계는 이해도 잘 안 되고 어렵다. 그렇지만 이 원리를 믿고 응용문제들을 풀면 문제들이 쉽게 잘 풀렸다. 그런데 만일 자신이 문제마다 원리를 찾아가며 해결하려 한다면 평생 문제 하나도 풀지 못할지 모른다. 이럴 때는 학자들이 다 연구하고 검증해서 만들어 놓은 원리를 그냥 믿고 문제를 푸는 것이 지혜로운 일이다.

나는 우리의 인생도 마찬가지라고 생각했다. 이 책 곳곳에 공자님, 부처님, 예수님 이야기가 나오는 이유가 여기에 있다. 이분들의 말씀은 2천 년 이상 검증된 것이고, 나보다 훨씬 똑똑하고 훌륭했던 사람들도 다 이분들이 제시한 삶의 이치들을 믿고 따랐다.

또, 나는 이순신 장군과 안창호 선생님 같이 역사가 평가하고 후세가 존경하는 사람들의 삶도 일단 믿고 따라서 했고, '말 한마디로 천냥 빚을 갚는다', '부뚜막의 소금도 집어 넣어야 짜다'라는 속담과 같이 선조들이 수천 년을 내려오면서 터득한 삶의 지혜도 일단 믿고 따랐다. 그래서 나는 매사를 나 스스로 확신을 만드느라고 시간을 낭비하지 않고, 그 시간만큼 행동과 실천에 시간을 더 쓸 수 있었다.

이렇게 하면서 경험과 연륜이 쌓이고, 창의적인 노력을 하다 보니 나중에는 좀 더 좋은 길도 발견하게 되고, 또 내 나름의 새로운 길도 찾을 수 있게 되었다.

선조들의 삶은 흘러간 물이 아니라 내 두 발을 굳건히 받쳐주는 디딤돌이다. 우리가 과거에 머무르거나 발목을 잡히는 것은 지혜롭지 못한 일이지만, 과거로부터 배우지 못하는 것은 더 지혜롭지 못한 일이라고 나는 확신한다.

– 행동에서 습관으로

이러한 행동이 한두 번에 그치면 안 된다. 이러한 행동을 지속적으로 반복해서 아예 몸에 배이게 해야 한다. 이것이 바로 습관이다. 습관화가 되면 특별히 의식하지 않아도 행동으로 쉽게 옮겨지게 된다. 의지는 늘 의식을 해야 하는 것이어서, 쉽게 잊어버리거나 조그마한 핑곗거리가 생겨도 하기 싫어지는 속성이 있다.

그래서 지혜로운 사람들은 해야 할 일을 습관화를 시켜서, 특별히 의식하지 않아도 몸이 알아서 움직이도록 자동화를 시켰다. 예를 들어 운동하는 것이 습관화가 되면, 그 다음에는 '운동을 해야지'라고 의식하기 이전에 몸이 먼저 근질근질해져서 운동을 안 하고는 못 배기게 되는 것과 같다. 우리나라 양궁선수들은 이를 '루틴'이라고 한다. 평상시 하던 것이 루틴화되면, 금메달을 놓고 겨루는 극도의 긴장된 상황에서도 평상시 실력이 나오도록 한 것이다.

둘째, 日日新 自强不息 (일일신 자강불식)

이것은 내가 20-30 시절에 좌우명처럼 책상 앞에 늘 붙여 놓았던 글귀다. 이 말은 나의 롤 모델인 도산 안창호 선생님께서, '힘있는 사람'이 되기 위해서 쉬지 않고 인격과 지식을 갈고 닦는다는 뜻의 '자강불식自强不息'을 늘 명심하셨던 것처럼, 나도 그것을 본받은 것이다. 그리고 '작심삼일'의 잘못을 범하지 않으려고, 매일매일을 새로운 마음으로 살아야 한다는 '日日新'의 지혜를 추가 하였다.

日日新은 '작심삼일'의 한계를 극복하는 최고의 지혜라고 생각한다. 우리가 새해를 맞을 때는, 영어공부를 하자, 운동을 하자, 다이어트 좀 하자 등 각오와 계획을 단단히 세우는데, 이것이 얼마 못 가서 무너지는 것이다. 그런데 사실은 이 말 안에 해결책도 들어 있다. 아무리 의지가 약해도 3일은 간다는 것 아닌가? 그렇다면 답은 3일에 한

번씩 새롭게 결심을 하는 것이다. 얼핏 보면 너무나 쉽고 평범해서 농담같이 들릴지 모르지만 절대 그렇지 않다.

연초에 세웠던 각오와 계획을 매달 다시 한 번 하는 사람은 일년에 한 번 결심하는 사람보다 12배로 의지가 연장될 수 있다. 또 이것을 매주마다 하는 사람은 53배로 의지를 연장할 수 있다. 그래서 지혜로운 사람들은 아예 '일일신'의 지혜를 만들어, 매일매일을 새해의 첫날처럼 사는 것이다.

이것이 지혜로운 사람과 지혜롭지 못한 사람의 차이다. 지혜로운 사람은 지혜롭지 못한 사람이 농담으로 흘려 버리는 것에서 금싸라기 같은 지혜를 찾아낼 줄 안다.

셋째, 일기 쓰기

나에게 의지와 열정을 늘 새롭고 확실하게 일깨워 준 것은 일기다. 젊은 시절의 내 일기를 보면, 인격에 대한 이야기와 더불어 의지가 약한 나를 반성하는 이야기가 많이 나온다. 다음은 중위시절 일기의 한 구절이다.

1979년 3월 11일 일요일

"지난 한 주 생활은 참으로 엉망이었다. 아침에 일어나 세수하고 출근하기가 바빴으니 계획과는 어그러져도 보통 어그러진 게 아니다. 퇴근해서도 공부 한번 제대로 안 했다. 시간을 이토록 무의미하게 보내는 것은 보통 어리석은 일이 아니다. 지금 이 시기의 시간은 그 가치가 막중하니 더더욱 가슴 아픈 일이다. 그 어떠한 성취나 결과도 시간과 노력의 투자 없이 이루어진 것은 없다. 이러한 자세로는 추구하는 바 이상과 목표에 도달치 못할 것이 분명하다. 한 가족을 책임지는 사람도 새벽 4시에 일어나 콩나물을 팔러 간다. 장차 국가와 사회를 위해서 일하고자 하면 몇 시부터 일어나야겠는가? 뼈저리게 절감하고 실천해야 한다. 한낱 인식에 그쳐서는 안 된다."

내가 잘했다고 생각하는 것은 바로 이 일기 같은 것이다. 나는 의지가 약해지고 열정이 식었다고 거기서 멈추지 않았다. 일기를 쓰면서 나 자신을 수시로 돌아보고, 잘못된 것은 반성하고 또다시 시작했던 것이다. 어떤 때는, 한 해를 돌아볼 때 연초에 계획한 것의 20~30% 밖에 실천하지 못해서 스스로에게 실망도 했지만, 결코 주저 앉거나 멈추지 않고, 나의 각오와 열정에 다시 불을 지펴서 앞으로 나아갔다.

여덟째 조언

기꺼이
봉사하고
아낌없이 나누라

우리는 왜 봉사하고
나누어야 하는가?

노벨상은 두말할 필요도 없이 세계에서 가장 권위 있는 상이다. 이 중에서 가장 주목을 받는 상은 단연 '노벨 평화상'일 것이다. 평화상은 다 아는 바와 같이, 세계평화와 인권신장에 기여했거나, 또는 봉사활동을 통하여 인도주의와 박애정신을 구현한 개인이나 단체에게 주는 상이다.

그런데 노벨 평화상 수상자 중에는, 국제적 분쟁을 해결하거나 국제평화체제 구축에 기여했다는 이유로 정치인들이 수상하는 경우가 많은데, 이런 경우는 국제사회의 이해관계에 따라 늘 논란이 있어 왔다. 그러나 봉사활동을 통하여 우리 인류에게 인도주의와 박애정신을 실천한 공로로 노벨 평화상을 수상한 사람에게는, 세계의 모든 사람들이 찬사와 존경을 보낸다. 국제적십자 위원회를 설립하여 첫 번째 노벨 평화상 수상자가 된 앙리 뒤낭을 비롯해서, 독일계 프랑스 의사로서 아프리카에 건너가 의료봉사를 했던 알베르트 슈바이처 박사, 알바니아 출신으로 평생을 인도 빈민가에서 구호활동을 벌인 마더 테레사 수녀 같은 분들이 대표적인 수상자다.

충북 음성에 있는 있는 꽃동네는, 장애인, 노인, 어린이 등 2,000여 명의 오갈 데 없이 버려진 이웃을 돌보는 우리나라의 대표적인 사회복지 시설이다. 이처럼 불쌍한 이웃이 버려지지 않고 따뜻한 돌봄을 받을 수 있는 것은, 전적으로 기꺼이 봉사하는 사람들이 있기 때문이다. 여기에는 350여 명의 수도자와 800여 명의 직원들이 24시간 이들을 돌보고 있으며, 또 국내외에서 매년 30여 만 명의 자원봉사자들이 찾아와서 돕는다. 그리고 그 뒤에는 소리 없이 나눔을 실천하는 수십만 명의 후원자들이 또 있다.

더불어 사는 지혜

'봉사와 나눔'은 사랑의 실천이며 '더불어 사는 지혜'의 꽃이다. 사람은 냉엄한 '적자생존'의 원리를 따라 끊임없이 경쟁을 해야 하는 한편, 사회적 동물이기 때문에 공동체를 이루어 서로 협력하지 않으면 생존할 수 없는 이율배반적인 존재다. 그래서 우리가 세상을 잘 살아가기 위해서는 '경쟁과 협력'이라는 이율배반적인 두 가지 원리를 균형과 조화의 감각을 가지고 동시에 잘 구현해야 한다.

그런데 적자생존의 원리는 본능적인 요소이기 때문에, 각 개인들이 알아서 잘할 수 있는 반면, 협력은 공동체가 의식적으로 노력하지 않으면 안 되는 요소다. 특히 적자생존의 원리에 따라 경쟁을 하다 보면, 구조적으로 경쟁력을 가지지 못하는 사회적 약자들은 생존 자체에 어려움이 생긴다. 이들도 공동체의 일원으로 함께 잘 살아가도록 하기 위해서는, 우리 모두가 '더불어 사는 지혜'를 적극적인 행동으로 실천해야 한다. '사운드 오브 뮤직' 등 세계적인 뮤지컬 영화의 대본을 쓴 미국 극작가 오스카 햄머스타인은 「사랑은」이란 시에서 "종은 누가 그걸 울리기 전에는 종이 아니고, 노래는 누가 그걸 부르기 전에는 노래가 아니듯이, 사랑은 주기 전에는 사랑이 아니다."라고 말하였다.

사실 인간은 때로 동물 세계보다 더 치열하게 경쟁하고, 심지어는 전쟁도 한다. 그렇지만 '봉사와 나눔'을 통하여 약자들도 도태시키지 않고 함께 끌어안고 살아간다. 그래서 인간이 위대한 것이며 이를 앞장서서 실천한 사람들에게 큰 명예와 존경을 돌리는 것이다.

'봉사와 나눔'이 주는 선물

'봉사와 나눔'은 겉으로 보면 자기의 희생과 헌신, 그리고 물질적 손해가 따르는 행위다. 그런데 봉사와 나눔을 많이 실천한 사람들의 이야기를 들어보면, 처음에는 어렵고 힘든 이웃을 돕는다는 생각으로 시작하였는데, 시간이 흐를수록 자기가 얻는 것이 더 많다는 아이러니를 경험한다고 한다.

나는 2015년 10월 2일부터 11일까지 열흘 동안, 문경 등 경북 일원에서 개최된 제6회 세계군인체육대회에 자원봉사자로 참여한 적이 있다. 현직에 있을 때는 시간을 별도로 내어서 하는 봉사활동을 하기가 어려웠는데, 예비역 자원봉사자가 필요하다고 해서 선뜻 지원을 하였던 것이다. 내 역할은 미국 선수단 서포터즈 단장이었다. 나는 경기장에서는 미국 팀 응원단으로, 미국 선수단에 애로사항이 생기면 해결사로, 그리고 한국문화 탐방을 다닐 때는 문화체험 도우미로 미국 선수단을 정성껏 도와주었다. 이렇게 열흘 동안의 자원봉사를 마치고 서울로 돌아오는데, 문경의 하늘이 더욱 파래 보였고, 나의 가슴은 왠지 모를 기쁨과 뿌듯함으로 꽉 차올랐다.

'프로보노'란 전문가들이 자신의 전문성을 활용해 사회적 약자와 소외계층을 돕는 활동을 의미한다. 이는 '공익을 위하여'라는 의미의 라틴어 'pro bono public'에서 나온 용어인데, 이런 프로보노 활동을 하는 사람들은, 한결같이 봉사를 통해 보람과 만족을 얻을 뿐만 아니라 자기 계발과 성장도 이루었다고 말한다.

이렇듯이 '봉사와 나눔'은 단순히 남을 돕는 데 그치는 것이 아니라, 봉사하는 사람에게 행복감을 느끼게 해주고, 또 세상을 잘 살아갈 수 있도록 인격과 능력을 성장시켜주며, 때로는 아픔까지 치유해

준다. 이것들은 착하고 아름다운 마음을 가진 사람들에게 주는 하늘의 선물인 것이다.

봉사와 나눔,
어떻게 실천할 것인가?

아낌없이 나눌수록 더 커지는 삶의 가치

사람은 누구나 한 번 산다. 이것은 세상에 예외가 없는 유일한 원리다. 그래서 우리는 한 번뿐인 삶을 반드시 가치 있게 살아야 한다. 우리의 삶을 가치 있게 만드는 것은 여러 가지가 있지만, 삶의 가치를 가장 확실하게 키우는 것은 '나누는 삶'을 사는 것이라고 나는 생각한다.

이런 예를 한번 생각해 보자. 대학생이 직장에 다니는 형님과 우연히 마주쳤는데, 밥을 같이 먹을 시간이 없으니 맛있는 것 사먹으라며 10만 원을 주고 가셨다. 그래서 평소 가고 싶었던 멋진 레스토랑에 가서 오랜만에 품위 있게 나이프와 포크를 써가며 스테이크를 먹어 볼까 하다가, 마음을 바꿔 평소 밥을 사주고 싶었던 친구 세 명을 데리고 가서 삼겹살을 함께 먹었다. 똑같은 10만 원인데 어떻게 쓰는 것이 더 가치 있게 쓰는 것일까?

1억 원 이상 고액기부자들의 모임인 '아너 소사이어티'가 있다. 그런데 이곳 회원들 중에는 우리 주변에서 흔히 볼 수 있는 보통사람들도 여럿 있다. 이중 한 분인 김은숙 할머니는, 2011년부터 팥죽을 팔아서 모은 돈을 매달 100만 원씩 기부하여, 2016년 11월로 1억 7천만 원이 넘었다고 한다. 김은숙 할머니는 "젊어서 고생하다 보니 악착같이 모아야 나중에 편해진다고 생각한 적도 있다. 하지만 나이를 먹으며 주변에 꼭 필요한 사람이 되고 싶다는 생각이 더 커졌다."고 말한다.

나눔과 봉사는 특별한 방법이 있는 것은 아니다. 김은숙 할머니께서 애써 번 돈을 불쌍한 이웃을 위해 기꺼이 기부하신 것처럼, 또 김수환 추기경님께서 돌아가실 때 각막을 기증하신 것처럼, 내가 가진 것을 불쌍하고 소외된 이웃을 위해 그냥 나누면 된다.

나는 여러분이 세상을 열심히 살기를 바란다. 그래서 성공도 하고 행복도 마음껏 누리기를 바란다. 그러나 나만 성공하고 나만 행복한 것에 그쳐서는 안 된다. 사람의 삶에서 끝까지 남는 것은 자기가 소유한 것이 아니라 남에게 나누어 준 것이다. 이것을 알아야 진짜 성공한 것이고, 진짜 행복해지는 것이다.

오른손이 하는 것을 왼손이 모르게 하라

　예전에는 겨울이면 골목 비탈길에 미끄러지지 않도록 연탄재를 많이 뿌렸다. 나는 어느 책에선가 이런 글을 본 적이 있다. "연탄재 함부로 밟지 마라. 너는 누군가를 위해 재가 되도록 자신을 태워본 적이 있는가?" 그렇다. 연탄은 사람을 따뜻하게 해주려고 자신을 모두 태웠고, 재가 되어서도 사람들이 넘어지지 않도록 바닥에 깔린다.

　나는 어릴 적부터 신앙생활을 하면서 나눔의 가치를 늘 들어왔고, 특히 생도 때 안병욱 교수의 인생론을 읽으면서, 봉사와 나눔의 가치에 대해서 많이 깨닫게 되었다. 그런데 이 때 내 마음에 각인이 된 또 하나는 '보시'에 대한 이야기였다.

　'보시'란 널리 베푼다는 뜻의 불교용어인데, 자칫 주는 사람은 교만한 마음이 되기 쉽고 받는 사람에게는 모욕이 되기 쉬우니, 보시를 할 때는, 첫째, 내가 준다는 생각을 떠나서 주어야 하고, 둘째, 누구에게 준다는 생각을 떠나서 주어야 하며, 셋째, 무엇을 주었다는 생각도 갖지 말아야 한다는 것이었다. 나는 성당에 다니면서도 "오른손이 하는 일을 왼손이 모르게 해야 한다"는 예수님의 가르침을 많이 들어왔다. 사실 오른손이 하는 일을 왼손이 모르게 하라는 뜻도, 선행은 드러나지 않게 하여야 한다는 뜻도 있지만, 더 중요한 뜻은 내가 남에게 베풀었다는 마음자체도 가지지 말라는 뜻이라고 생각한다.

나는 나눔과 봉사를 실천할 때는 이런 부처님과 예수님의 말씀을 늘 마음에 새기려 했고, 장군이 된 이후에는 '노블레스 오블리주'를 생각하며 나눔에 대해 더 많은 관심을 가졌다.

나라를 위한 헌신

국가는 가장 큰 가정이다

최고의 봉사 중 하나는 '나라를 위한 헌신'이라고 나는 생각한다. 내가 나라를 위한 헌신을 최고의 봉사로 생각하는 것은 내가 군인이어서가 아니라, 그만큼 나라가 소중한 공동체이기 때문이다.

서울 동작동과 대전에 있는 현충원에는 나라를 위해 목숨을 바친 군인과 경찰, 나라의 독립을 위해 평생을 바친 애국지사, 그리고 나라의 발전을 위해 큰 공헌을 하신 위인들이 잠들어 계신다. 이런 국립묘지는 비단 우리나라에만 있는 것이 아니라 세계의 모든 나라들에 다 있다. 미국에 가면 워싱턴 근처의 알링턴에 미국 국립묘지가 있고, 파리의 개선문 아래 드골 광장에는, 프랑스를 위해 목숨 바친 무명용사들을 기리는 불꽃이 타오르고 있다. 또 서울의 상징인 광화문 광장 입구에는 우리나라 최고의 영웅인 이순신 장군의 동상이 위엄 있게 자리잡고 있다. 이렇듯이 세계의 수도에 가면, 어느 나라를 막론하고 나라를 세운 국부의 동상이나, 나라를 구한 장군들의 동상이 가장 돋보이는 곳에 자리잡고 있다.

왜 모든 나라들은 한결같이 나라를 위해 헌신하거나, 목숨 바쳐 나라를 구한 사람들을 최고의 위인이며 영웅으로 예우하는가?

사람이 세상을 살아가기 위해 필요한 것은 첫째는 생명을 안전하게 보존하는 것이고, 둘째는 먹고사는 데 걱정이 없는 것이며, 셋째는 인간다운 자유와 인권을 보장 받는 것이고, 그리고 넷째는 자기의 꿈을 마음껏 펼치면서 가치 있고 보람 있는 삶을 사는 것이라고 생각한다.

그런데 사람들은 이를 위해서는 혼자의 힘보다는 여럿이 힘을 합쳐 공동체를 이루는 것이 효과적이라는 것을 본능적이고 또 경험적으로 알게 되었다. 그래서 인간은 가장 기본적이며 자연발생적 공동체인 가정으로부터 시작해서, 더 큰 힘을 만들기 위해 공동체의 규모를 점점 키워서 국가까지 만들었다. 그런데 이런 공동체 중에서 인간에게 필요한 요구를 가장 확실하게 해결해 주는 공동체는 가정과 국가다. 때로는 국가를 뛰어넘는 국제적인 공동체도 만들지만, 이것도 궁극적인 목적은 힘있는 나라를 만드는 것이다.

가정은 사람이 태어나서 죽을 때까지 가장 많이 의존하는 공동체다. 한편 국가는 인간의 생존과 번영을 실질적인 힘으로 책임지고 보장해주는 최고의 공동체다. 잘 살펴 보면 가정과 국가는 그 성격이 근본적으로 같다고 할 수 있다. 그래서 가정은 가장 작은 국가이며, 국가는 가장 큰 가정인 것이다.

도산이 깨우쳐준 나라에 대한 생각

그러나 나라도 힘이 있어야 국민을 제대로 돌볼 수 있다. 나는 우리나라가 겨우 보릿고개를 벗어난 1980년에 미국 보병학교로 고등군사반 공부를 하러 가면서 해외를 처음 나가게 되었다. 그런데, 어디를 가도 "Are you Japanese?" 아니면 "Chinese?" 하고 물었지, "Are you Korean?" 하고 묻는 경우는 한 번도 없었다. 지금은 세계 어디를 가도 대한민국을 모르는 사람이 없고, '안녕하세요?'라며 한국말로 먼저 인사를 건네고, 한국제품의 이름이나 K-POP 가수의 이름을 부르며 엄지 손가락을 치켜세우는 모습도 자주 보게 된다. 참으로 가슴 뿌듯하고 어깨가 으쓱해지는 일이 아닐 수 없다.

그러나 우리나라 역사에서 이런 모습은 처음이다. 우리나라는 늘 힘없는 변방국가로 주변국들의 침략에 시달리고, 급기야는 강대국의 속국이 되거나 식민지로 전락하는 불운의 역사가 많았다. 나는 학교에서 역사공부를 하면서, 이런 우리나라의 숙명 같은 힘 없고 안타까운 역사가 늘 가슴 아팠다.

이런 나에게 나라에 대한 생각을 확실하게 깨우쳐 준 분은 도산 안창호 선생님이다.

청년 안창호는 17세가 되던 1894년, 평양에서 청일 전쟁을 목격하면서, 어찌하여 일본과 청국이 우리 국토 안에 군대를 끌고 들어와 전쟁을 하고, 그 피해는 고스란히 조선 백성들이 받는가에 대해 깊이 생각하게 되었다. 그러다 도산이 22세 되던 해에 독립협회를 확대한 만민공동회가 결성되었는데, 청년 안창호는 필대은 동지 등과 함께 평양에서 궐기하여 관서지역 만민공동회 발기회를 열었다. 평양 쾌재정에서 열린 발기대회에서, 청년 안창호는 단상에 올라 일장 연설을 하여 이 자리에 참석했던 평양시민들의 심금을 울렸는데 나라에 대한 도산의 생각은 이러했다.

"힘이다. 힘이다. 힘이 독립의 기초요 생명이다. 그러면 힘이란 무엇이냐? 국민이 도덕 있는 국민이 되고, 지식 있는 국민이 되고 단합하는 국민이 되어서, 정치, 경제, 군사적으로 남에게 멸시를 안 받도록 하는 것이다. 그러한 국민이 되는 길은 무엇이냐? 국민 중에 덕 있고, 지식 있고, 애국심 있는 개인이 많이 생기는 것이다. 그렇게 하는 길은 무엇이냐? 우선 나 자신이 그러한 사람이 되는 것이다. 내가 덕 있고, 지식 있고, 애국심 있는, 즉 힘 있는 사람이 되면, 우리나라는 그만한 힘을 더하는 것이다. 또 나 자신이 힘이 없이 남을 힘 있게 할 수 없음은, 마치 내가 의술을 배우지 아니하고 남의 병을 고치려는 것과 같이 어리석은 일이다. 그러므로 나는 공부하자."

도산 선생님의 이러한 생각은 어린 나의 가슴에 깊이 새겨졌고, 군인이 되기에는 부족함이 많은 내가 사관학교를 가게 된 하나의 동기가 되었다. 나는 도산 선생님의 이러한 생각을 내 독서노트와 일기에 적어 놓고 수시로 꺼내 보았다.

국민이 먼저 나라를 지켜주어야, 나라도 국민을 지켜줄 수 있다

나는 우리나라만 아는 국수주의자가 아니며, 평화보다 전쟁을 좋아하는 사람은 더더욱 아니다. 그러나 우리나라가 전보다 잘살게 된 것은 사실이지만, 중국의 동북공정이나, 일본과의 독도문제, 북한의 핵과 미사일 문제 등에서 보는 바와 같이, 지금도 나라가 조금만 방심하고 강력한 힘이 없으면, 또 다른 임진왜란, 또 다른 병자호란, 또 다른 6.25 전쟁을 초래하여 나라와 국민이 참담한 고통을 당하게 될 것을 걱정하는 것이다.

나라가 전란을 당하면 군인이 희생을 하는 것은 당연하지만, 죄 없고 연약한 여인네들과 어린아이들까지 참담한 고통을 당하는 것은 결코 있어서는 안 될 일이다. 호란 때도 수많은 여인이 청국으로 끌려갔고, 일제치하에서도 또 수 많은 꽃다운 여인들이 위안부로 끌려 갔으며, 6.25 전쟁 때는 20만 명의 미망인과 10만 명의 고아가 생겼다. 이 땅의 여인과 어린이들이 또다시 이런 참담한 고통을 당하게 해서는 안 된다. 그리고 피로써 지켜온 자랑스러운 우리 조국 대한민국이 또다시 힘없는 나라로 전락하게 해서도 안 된다.

그래서 예나 지금이나 모든 나라들이 한결같이 추구하는 제1목표는 '부국강병'인 것이다.

우리는 펠레폰네소스 전쟁에서, 정치·경제·문화 모든 면에서 월등히 앞섰던 아테네가, 군사력만 키웠던 스파르타에게 패배하여 나라가 망하고 찬란한 그리스 문명까지 종지부를 찍게 했던 역사를 기억해야 한다. 북한은 6.25 전쟁 이후에도 한반도의 공산화를 한 번도 포기한 바 없이, 군사를 언제나 앞세우는 철저한 병영국가이며 핵과 미사일을 가진 군사강국이다. 그래서 북한의 군사적 위협에 철저히 대비해야 한다.

그리고, 국토와 인구가 몇 배나 큰 아랍국 사이에서 굳건하게 나라를 지켜가는 이스라엘을 교훈 삼아, 강대국들 사이에서 살아갈 수 있는 확고한 힘과 지혜를 가져야 한다.

힘없는 평화는 종이호랑이와 같다. 그래서 '평화를 원하거든 전쟁에 대비하라'는 베지티우스의 경구는 우리가 한시도 잊어서는 안 될 말이다.

그런데 국가는 국민이 먼저 국가를 확고히 지켜줄 때만 국민을 지켜줄 수 있다는 것을 잘 알아야 한다.

나라는 국민 모두의 사랑과 참여 없이는 존재할 수 없으며, 때로는 누군가의 헌신과 희생까지도 필요로 한다. 그래서 미국의 존 F 케네디 대통령은 그의 취임연설에서, "국가가 나를 위해 무엇을 해줄 것인가를 묻지 말고, 내가 국가를 위해 무엇을 할 것인가를 물으라!"고 국민들에게 소신 있게 요구하였고, 2차 세계대전 시 영국을 지켜낸 윈스턴 처칠 수상은, "나라를 위해 피와 땀과 눈물을 아끼지 말아줄 것."을 국민들에게 호소하였던 것이다.

온몸으로 조국을 사랑하라

우리가 나라를 위해 헌신한 사람들을 누구보다 높이 받들고 칭송하는 이유는, 내 가족과 내 국민을 지키고 나아가 자손만대를 위해 누군가는 해야만 할 일을 앞장서서 실천한 사람이기 때문이다.

그렇지만 나라가 꼭 이런 위인과 영웅들의 힘만으로 지켜지는 것은 아니다. 진정한 나라의 힘은 국민 모두가 각자의 직분에서 최선을 다하고, IMF 사태 때 금 모으기를 했던 것처럼 한마음으로 단결하고 나라를 사랑하는 것이다.

그럼에도 불구하고, 나는 현역으로 입대하여 영하 20~30도의 살을 에는 혹한과 비바람이 몰아치는 폭풍우 속에서도, 휴전선을 지키고, NLL을 지키고, 조국의 영공을 지키는 현역장병들과, 또 이런 임무를 자랑스럽게 마친 예비역 전우들의 나라사랑 정신을 높이 존경한다. 나라는 말로 사랑하는 사람에 의해 지켜지는 것이 아니라, 기꺼이 목숨도 바치는 사람들에 의해 지켜지는 것이기 때문이다. 군인은 늘 수의를 입고 살고, 전장에 나가 죽으면 그 자리가 무덤이 된다. 6.25 전쟁 때도 14만여 명의 국군장병들이 목숨을 바쳤고, 휴전 이후에도 북한의 도발을 막아내느라 5천여 명의 국군장병이 순직하였다. 그리고, 최근에는 연평해전에서 우리의 젊은 장병들이 NLL을 지키다 장렬하게 전사했다. 그들은 하나뿐인 자기 목숨보다도 나라를 먼저 생각한 '나라 바보'였고, 그래서 그들은 명예로웠다.

그래서 나는 기꺼이 '나라 바보'가 된 군인들이 참으로 자랑스럽고 존경스러우며, 이런 '나라 바보'의 길을 선택한 것을 내 인생 최고의 선택으로 생각한다.

뉴욕 시청 앞에는 미국 독립전쟁 당시 미군 정보장교였던 '네이선 헤일' 중위의 동상이 서 있다. 네이선 헤일 중위는 워싱턴 장군 휘하에서, 정보를 수집하는 임무를 수행하다 영국군에게 잡혀서 사형을 당한 장교다. 이 동상에는 그가 사형을 당할 때 남긴 그의 마지막 말이 적혀있다. "I only regret that I have but one life to lose for my country (나라를 위해 바칠 목숨이 오직 하나뿐인 것이 아쉬울 뿐이다)."

이 말은 너무나 군인다워서 듣는 순간 큐피드의 화살처럼 내 마음에 꽂혔다.

안중근 장군께서 마지막으로 남기신 '爲國獻身 軍人本分' 유훈은 액자에 담겨서 나를 늘 지켜보았고, 이순신 장군님과 네이선 헤일 중위의 마지막 말은 늘 내 가슴을 떠나지 않았다. 나는 군단장을 수도군단에서 했는데, 군단 장병들의 위국헌신 정신을 다지기 위해 사령부 앞에 '충의용사상'을 세웠다. 그리고 나는 이 동상에 군인의 자세에 대해 내가 늘 생각하던 글귀를 내 글씨로 직접 새겨 넣었다.

"온 몸으로 조국을 사랑하라"

수도군단 충의용사상

아홉째 조언

가정을
소중히 지키고
늘 감사하며
기쁘게 살아라

다시 행복을
생각한다

나는 지금 여러분에게, 한 번뿐인 인생에서 어떻게 존경받는 성공을 이루고, 행복도 함께하는 삶을 살 수 있을까에 대해 이야기하고 있다. 앞에서는 주로 어떻게 성공을 이룰 것인지, 이를 위한 바탕을 어떻게 만들어 갈 것인지를 이야기하였다. 그리고 바로 앞 여덟 번째 조언에서는, 이 성공을 진정으로 가치 있는 성공으로 완성하는 봉사와 나눔에 대해서 이야기하였다. 이렇듯이 봉사와 나눔은 성공의 완성이고, 우리 삶을 가슴 뿌듯한 행복으로 이끌어 주는 가치지향적 행동이다.

그런데 우리가 필요로 하는 행복은 꼭 거창한 의미를 통해서만 오는 것은 아니다. 사람의 가슴을 적시는 비는 장대처럼 쏟아지는 여름철 소나기가 아니라 속삭이듯 촉촉히 내리는 봄비이듯이, 우리에게 더 필요한 행복은 소소한 일상 속에서 일어나는 따뜻하고 달콤한 한 잔의 커피 같고, 함께 웃으며 편하게 수다 떨게 만드는 시트콤 같은 행복이다.

그럼 이처럼 따뜻하고 잔잔한 행복은 어디서 오는가? 그것은 바로 화목한 가정 안에서, 감사한 마음 안에서, 그리고 기쁘게 사는 일상 속에서 오는 것이라고 나는 믿는다.

가정을 소중히
지켜야 한다

　하버드대의 한 연구팀은 암 환자 73만 명을 조사한 적이 있는데, 가정이 있는 사람과 독신으로 사는 사람에 큰 차이가 있는 것을 알게 되었다. 완치률은 가정이 있는 사람이 독신인 사람보다 20% 높았고, 치료를 잘 받을 확률은 53%나 높았다고 한다.

　우리는 가정에서 태어나고 가정에서 자란다. 그리고 일을 하느라 지친 몸과 마음도 가정에서 재충전하고, 우리의 삶에서 놓쳐서는 안 될 행복도 가정에서 가장 많이 얻는다.
　이렇게 소중한 것이 가정이다. 그런데 이제 여러분은, 자녀라는 입장을 넘어서 결혼을 하고 가정을 직접 꾸려가야 할 입장이 되었기 때문에, 가정에 대한 생각이 지금까지의 수준에 머물러서는 안 된다.

가정의 시작인 결혼

인도의 아그라에 있는 타지마할은 유네스코 세계유산에 등재된 아름다운 건축물이다. 이 타지마할은 겉보기엔 아름다운 성처럼 보이지만, 실제는 무굴제국의 5대 황제인 샤 자한이 사랑했던 왕비 뭄타즈 마할을 위해 만든 무덤이다. 황제는 왕비가 아이를 낳다가 세상을 떠나자 왕비를 기리는 무덤을 22년에 걸쳐 정성껏 지었던 것이다. 참으로 아름다운 부부의 사랑이야기다.

세상에는 수없이 많은 민족들이 살고 있고, 그들의 풍속과 전통도 그만큼 다양하다. 그런데 결혼식은 어느 민족을 막론하고 성대한 잔치를 벌여 크게 축하한다. 그만큼 인간세상에서 결혼이 가지는 의미가 크기 때문이다.

이처럼 결혼은 우리 인생에서 무엇보다 중요한 일이며, 결혼에 대한 마음가짐을 바로 해야 결혼이 결혼으로 끝나지 않고 아름다운 행복으로 연결될 수 있다. 나는 결혼을 할 때는 다음 세 가지를 마음에 잘 새겨야 한다고 생각한다.

첫째, 결혼은 확고한 책임의식을 가지고 해야 한다. 젊은 시절에는 연애를 하고, 또 이것이 결혼으로 연결되기도 한다. 그런데 연애는 끓어오르는 에로스적 감정이 본질이고, 결혼은 그 본질이 약속이고 책임이라는 큰 차이가 있다. 결혼은 어떤 어려움이 있더라도 함께 살아가겠다는 배우자와의 약속에 대해서 책임지는 것이며, 자녀들을 잘 키울 것에 대해 책임지는 것이다. 그래서 결혼은 인연인 동시에 아름다운 구속이며, 이 아름다운 구속을 어떤 일이 있어도 기꺼이 감당하겠다는 확고한 의지와 각오가 있어야 하는 것이다.

둘째, 결혼은 연애의 완성이지 사랑의 완성은 아님을 잘 알아야 한다. 연애할 때의 사랑도 사랑이지만, 이것은 솜사탕이나 장미꽃 같은 사랑이다. 그러나 진정한 사랑은 꼭 그렇지만은 않다. 진정한 사랑에 대해서는 성경의 코린토전서 13장에 잘 나와 있다. "사랑은, 참고 기다리는 것이며, 뽐내지 않고 교만하지 않은 것이며, 무례하거나 성내지 않는 것이며, 모든 것을 덮어 주고 모든 것을 견디어 내는 것 이다."라고 했다. 이것은 비단 기독교인뿐만 아니라, 세상의 모든 부부들도 마음에 새겨야 할 사랑의 참모습이라고 나는 생각한다.

셋째, 결혼은 남편과 아내가 50대 50의 동등한 지분으로 하나가 되는 것인데, 이때 50대 50의 구성에 대한 올바른 이해가 필요하다.

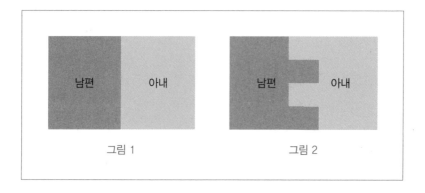

그림 1   그림 2

부부가 될 때는, 그림 1과 같은 형태로 모든 면에서 50대 50의 지분으로 하나를 만드는 것이 아니다. 그림 2와 같이 남편이 부족한 것은 아내가 채워주고, 아내가 부족한 것은 남편이 채워주어서 하나가 되는 구조인 것이다. 그림 1과 같은 형태라고 생각하면, 서로에게 의존하는 것이 별로 없고 접촉면이 작은 만큼 응집력도 약해서 깨어지기가 쉽다. 그러나 그림 2와 같은 형태라고 생각하면, 서로의 의존 정도가 커지고, 그만큼 접촉면이 넓어져서 응집력이 커지기 때문에 쉽게 깨어지지 않는다.

『낭만적 연애와 그 후의 일상』으로 유명한 영국의 철학자 알랭 드보통도, "부부는 서로 눈높이를 낮추고 도와야 한다. 우리는 서로의 차이에 끌렸고 더 완벽해지기를 바란 거니까."라고 말한다.

행복한 가정 만들기

'사운드 오브 뮤직'은 할리우드 뮤지컬 영화의 고전이다. 모차르트의 탄생지로 유명한 잘츠부르크와 아름다운 알프스를 배경으로 한, 감동적인 스토리와 주옥 같은 노래들이 세계인들의 가슴을 울리고 있다. 노래를 좋아하는 견습 수녀 마리아가, 상처입고 경직된 폰 트랩 대령 가문의 과외선생님으로 들어가서, 따뜻한 사랑과 아름다운 노래로 가정의 화목함과 사랑을 회복시켜주는 모습은, 많은 사람들에게 행복한 가정의 롤 모델이 되기도 하였다.

가정은 행복의 샘이다. 그러나 가정이라고 해서 저절로 행복이 샘솟는 것은 아니다. 마리아 수녀의 노력으로 폰 트랩 가문이 가정의 행복을 다시 찾았듯이, 부부가 힘을 합쳐서 잘 지키고 잘 가꿀 때 행복이 솟아나는 것이다. 그래서 가정은 가꾸는 것으론 부족하다. 군인이 목숨을 바쳐서라도 나라를 지키듯이 가정도 모든 노력을 다 기울여 지켜야 하는 것이라고 나는 확신한다.

행복한 가정을 만드는 것은, 가정의 주축인 부부의 몫이다. 그래서 나는 주례를 설 때마다, 신혼부부를 식사에 초대해서 행복한 가정을 만들기 위한 나의 경험과 생각에 대해 이야기해주곤 한다.

행복한 가정을 만드는 다섯 가지

첫째, 서로 배려해 주기

둘째, 재미있게 살기

셋째, 부부싸움 잘하기

넷째, 부모님 사랑하기

다섯째, 나누며 살기

첫째, 서로 배려 해주기

부부는 사랑해서 결혼을 했다고 생각하기에 모든 것을 잘 이해해

줄 것이라는 기대가 서로 많다. 그러나 존 그레이가 『화성에서 온 남자, 금성에서 온 여자』란 책에서 "남녀는 서로 다른 행성에서 왔다고 생각될 정도로 생각하는 방식이나 언어, 행동 등 다른 점이 많다."고 말한 것처럼, 성격은 물론 성장 환경이나 식성과 생활습관 하나하나가 서로 다르기 때문에 같이 살기 시작하면 부딪히는 일이 하나둘 생기게 된다.

그래서 서로를 이해하고 배려하는 마음이 많이 필요하다. 배려에 대한 기본적인 생각은 '인격에 먼저 투자하라'에서 이야기한 바 있다. 그래서 여기서는 부부라는 특별한 관계에 필요한 배려에 대한 나의 생각에 대해서만 조금 더 이야기하고자 한다.

남편으로서 아내에게 해주어야 할 배려는 여러 가지가 있지만, 내 생각으로는 다음 두 가지만 확실하게 배려하면 A학점은 몰라도 B학점짜리 남편은 확실히 될 수 있다고 생각한다.

첫째는, '아내의 말에 공감해 주기'다. 혹 나에게 어느 정도까지 아내의 말에 공감해주어야 하냐고 묻는다면, '언제나, 무조건'이라고 말하고 싶다. 설령 아내가 팥으로 메주를 쑨다고 하더라도, 일단은 "아, 그래, 그렇구나." 하고 아내의 말에 공감을 하고 맞장구를 쳐주라는 이야기다. 내가 일단 공감해 주어야 한다는 것은, 아내가 하는 말이 논리적으로 100% 맞는다는 뜻으로가 아니라, 아내가 그런 말을 할 만한 배경과 정서에 공감해 주라는 것이고, 아내의 생각을 존중한다는 뜻을 전하라는 것이다.

내가 아내의 말에 공감하는 방법은 이런 식이다. 명절에 고향에 가면 아내들은 갑자기 많아진 일에 힘이 들게 되어 있다. 그러면 평소 같으면 별것 아닌 것을 가지고도 남편에게 짜증을 낼 수 있다. 이때 액면 그대로 "별것도 아닌 것을 가지고 짜증을 내냐?"라고 따지면 안 된다. 지혜로운 남편은, 별것도 아닌 것을 가지고 짜증을 내게 된 아내의 정서를 볼 줄 알고, 아내의 수고를 알아주는 남편이다. 이런 때는 "아, 그래. 미안해. 자기 갑자기 일을 많이 해서 힘들지?"라며 아내의 어깨를 주물러 주어야 한다. 그러면 아내도 금방 마음이 풀어져 "별것 아닌 것 가지고 짜증 내서 미안해." 하고 사과할 것이다.

그렇다. '아내 말이라면 무조건 공감해 주는 남편이 되면, 부부간에 큰 소리 날 이유가 없어질 뿐만 아니라, 아내는 무조건 자기 편이 되어주는 남편을 더 존중하고 더 의지하게 되며, 실제는 남편의 의견을 더 많이 듣게 된다. 정말이다. 여러분도 이렇게 한번 해봐라.

두 번째 배려는 세월이 아무리 흐르고 누가 뭐라 해도 나에게는 아내가 하늘이 주신 최고의 짝이라는 마음을 가지고, 이것을 늘 표현하는 것이다. 나는 남편들이 연애할 때 아내를 공주님처럼 생각하던 그 마음과 그 자세가 바뀌면 안 된다고 생각한다. 베르디의 오페라 '리골레또'에는 "여자의 마음은 흔들리는 갈대와 같다."는 유명한 아리아가 나온다. 그러나 이것은 여자들이 결혼하기 전의 이야기다. 여자가 결혼을 한다는 것은, 마음을 흔들리게 했던 모든 옵션을 다 포기하고, 오직 한 남자에게 올인 한다는 뜻이다. 이런 아내의 마음을 몰라

주면 안 된다.

1983년 10월 9일은 내가 결혼한 지 100일째 되는 날이다. 이 날 나의 일기에는 아내와 다투어 아내의 마음을 아프게 하는 일이 다시는 없도록 하자는 반성과 각오의 글이 적혀 있다. 물론 40여 년을 함께 살아오면서 아내의 마음을 편하지 않게 한 적은 있겠지만, 나는 일기에 적은 나의 다짐을 한시도 잊은 적이 없다. 그리고 나는 기회가 있을 때마다 "당신은 하늘이 주신 나의 수호천사고 최고의 짝이다."라는 말을 한다. 이것은 나의 신념이고 철학이다.

아내들이 남편에게 해주어야 할 배려도 여러 가지가 있지만, 한 가지만 확실히 하면 이 역시 최소한 B학점 짜리 아내가 될 수 있다고 생각한다. 그것은 바로 '남편의 기를 살려주고 힘을 주는 아내'가 되는 것이다.

물론 요즈음은 맞벌이가 필수인 시대이다 보니 남편 아내 구분 없이 함께 일을 하는 것이 보통이다. 여성들도 자기의 능력을 마음껏 발휘해서 가정경제에 보탬이 되고, 자아도 구현하는 것은 오히려 바람직하다고 생각한다. 그래서 육아나 가사도 부부가 형편대로 나누어 하고, 사회생활을 위해 서로 격려하고 힘이 되어주어야 한다.

이처럼 함께 맞벌이를 하더라도 나는 이브의 후예들에게 꼭 부탁하고 싶다. 비록 부부싸움을 해서 남편이 미울 때도 남편이 출근을 할 때는 "점심값 아끼려고 싼 것 먹지 말고, 밖에 나가서는 절대 기죽지 마라."며 지갑에 용돈을 챙겨주는 아내가 되기 바란다. 직장에서는 치이고, 또 직장을 잃는 한이 있더라도 "나에게는 당신이 최고야, 나에게는 당신만 있으면 돼, 그러니 기죽지 말고 새롭게 힘을 내."라며 늘어진 어깨에 힘을 실어주는 아내가 되기를 바란다.

내 아내는 간호장교였는데, 내가 전방으로 대대장을 나갈 때 나와 두 아이들의 뒷바라지를 위해 전업주부가 되었다. 오늘의 내가 있을 수 있는 것은 모두 아내의 헌신적인 도움이 있었기 때문이다. 내가 힘들어할 때는 내 손을 꼬옥 잡아주었고, 내가 아프면 어머니 손길이 되어 나를 보살펴 주었다. 부대에서 어려운 부하의 집을 도와주고, 힘들게 수고하는 부하들을 위문하는 등 아내는 나의 힘이 미치지 못하는 것을 늘 채워주었고, 나에게 새로운 힘을 실어주는 에너자이저였다.

둘째, 재미있게 살기

호모 사피엔스Homo Sapiens, 즉 '생각하는 인간'은 오래전부터 우리 인간을 지칭했던 표현이다. 사람은 당연히 생각하며 사는 이성적인 동물이다. 그러나 사람이 이성으로만 살 수 있는 것은 아니다. 이런 차원에서 인간을 이해한 호모 루덴스Homo Ludens란 표현이 있다. '노는 인간', '놀이하는 인간'이라는 의미다. 나는 학문적으로 이런 것을 논할 능력은 없다. 그러나 우리 인간이 이성적이고 의지적인 요소만 가지고 살 수 있는 존재는 아니라는 것은 안다.

사람이 가장 많이 웃는 연령대는 유치원 다닐 때쯤이라고 한다. 이때는 하루에 400번 정도 웃는다고 한다. 그런데 나이가 들면서 웃음이 적어지다가, 어른이 되면 하루에 열다섯 번을 웃지 못한다고 한다. 우리가 추구하는 잔잔한 행복은 바로 웃음과 노래가 있는 삶에서 오는 것인데 말이다.

이런 웃음과 노래는 기쁘고 재미있을 때 가장 잘 나온다. 그래서 가정도 재미가 있어야 한다. 나는 부부가 재미있게 사는 최고의 노하우는 좀 유치하게 사는 것이라고 생각한다. 전문가들은 부부간에 대화가 줄어드는 것이 가장 큰 문제라고 지적하는데, 나는 재미있게 살지 못하는 게 진짜 문제라고 생각한다. 재미있게 살면 대화 문제도 저절로 해결되기 때문이다. 그러니 유치원 애들처럼 애정 표현도 자주 하고, 장난도 치며, 남의 눈치 보지 말고 재미있게 살아야 한다. 소위 '닭살 커플'들이 있는데, 이건 다른 게 아니라 바로 유치하고 재미있게 산다는 것의 다른 표현이다.

나는 늘 재미있게 살려고 노력했다. 부대에 나가면 지휘관이고 장군이지만 가정에 돌아오면 그냥 남편이고 아빠인 것이다. 아내와 떨어져 살 때는 아내가 올 때 환영 플래카드를 만들어 붙이기도 하고, 재미있는 이야기가 생각나면 자다가도 일어나서 이야기해주고, 아내가 맛있는 것을 만들면 부엌에 들어가 애들처럼 좋아하며 아내를 칭찬한다. 나는 집안일도 잘 도와준다. 내 휴대폰에 아내는 '색시'로 등록되어 있고, 아내 휴대폰에는 내가 '신랑'으로 등록되어 있다.

우리 부부는 이제 70 객이지만, 앞으로도 '색시와 신랑'으로 계속 유치하게 살 거다. 어머니께서는 생전에 우리 부부가 늘 애들처럼 사는 모습을 보시며 좋아하셨다. 나도 우리 자녀들 부부가 우리처럼 재미있게 살기를 진심으로 바란다.

셋째, 부부싸움 잘하기

부부싸움은 부부생활에서 빠질 수 없는 레퍼토리인데, 이 부부싸움을 잘해야 한다. 사람이 가까이 있으면 부딪히게 되어 있고 갈등이 생기는 것은 자연스런 현상이다. 그런데 앞에서도 언급하였듯이, 이혼하는 부부들을 보면 열에 아홉은 부부싸움을 한 원인보다, 싸우는 과정에서 악화되어 이혼한다고 한다. 부부싸움을 하더라도 조금만 지혜롭게 하면 글자 그대로 칼로 물 베기가 될 수 있다. 내가 생각하는 부부싸움의 지혜는 이런 것이다.

무엇보다도 극단적인 말은 절대 하지 않아야 한다. 아무리 싸움을 하더라도 말을 가려서 하면 크게 악화되지 않는다. 그래서 부부싸움을 할 때는 아무리 화가 나더라도 품격 없이 말을 하든지, '나가라',

'이혼 하자' 하는 식의 극단적인 말은 절대 하면 안 된다.

또, 싸우더라도 상대방의 아킬레스건은 절대 건드리지 말아야 한다. 사람에게는 누구나 아킬레스건 같은 요소가 있다. 각자가 가진 약점이나 콤플렉스, 양가를 비교하며 폄하하기 등은 대표적인 아킬레스건이다. 이런 아킬레스건을 건드리면 그 누구도 참기 힘들고, 자존심에 아물기 힘든 큰 상처가 생기게 된다.

그리고 싸움의 매듭을 깔끔하게 하고 지난 일은 좀 잊기 바란다. 쿨하게 서로의 잘못을 인정하고 사과해야 한다. 그리고 마무리할 때는 크든 작든 자기의 잘못된 부분만 이야기해야지, "당신이 그렇게만 안 했어도 내가 이렇게까지 하지 않았을 텐데" 하는 식으로 상대방에게 원인을 돌리는 표현은 절대 쓰지 마라. 또 옛날에 한 번 사과하고 정리된 일은 또 다시 거론하지 마라. 이것들은 다시 싸움을 시작하는 계기가 된다. 그리고 서로에게 감사한 것을 하나하나 생각하면서 서로 용서해라. 그리고 결혼 때 어떻게 서약했는지를 되돌아 보라. 어떤 경우에도 이해하고 참고 견디고 서로를 사랑하겠다고 하지 않았는가? 약속을 했으면 지켜야 하고, 그 약속을 지키는 것이 부부간의 진정한 사랑임을 잊으면 안 된다. 또 남편에게는 별것 아닌 것 같은 것도 아내에게는 얼마든지 큰일일 수 있다. 그래서 아내가 불만을 이야기하는 것이니 이것을 절대 소홀히 들으면 안 된다.

끝으로 남편들에게 당부한다. 부부싸움에서는 남편이 무조건 져야 한다. 이것은 내가 여자들에게 점수 따려고 하는 말이 아니다. 남편이 져야 할 충분한 이유가 있고, 가정의 평화를 유지하는 최선의 방안이기 때문이다. 그 이유는,

첫째, 대부분의 부부싸움은 아내들이 참을 만큼 참다가 폭발한 것이다. 남편은 잘 인식하지 못하지만 아내는 이미 많이 참았으니, 싸움이 시작되면 남편이 참고 지는 것이 당연하다.

둘째, 남편은 가장이기 때문이다. 모든 리더는 구성원들을 잘 돌보고 조직의 목표를 달성할 책임이 있는 사람이다. 그렇다면 가장도 한 집안의 리더로서 가정의 목표인 화목하고 행복한 가정을 만들기 위해 가족들을 잘 보살피고 그들의 애로사항을 해결해 주어야 할 책임이 있는 것이다. 그래서 남편의 입장에서는 화나고 싸우고 싶더라도 가장의 입장에서 아내의 마음을 어루만져주는 것이 당연하다. 돈만 벌어오면 가장의 책임을 다한 것이 아니다. 이런 역할을 소홀하게 생각하면 가장의 자격이 없는 남편이다.

셋째는 앞에서도 이야기하였듯이 아내의 말에 공감하고 아내의 마음을 존중하는 것이 백년해로하는 남편의 지혜이기 때문이다.

넷째, 부모님 사랑하기

– 너무도 고마우신 우리 부모님

우리나라는 전통적으로 효도에 대한 생각이 남다른 민족이다. 동양윤리의 뿌리인 논어에도 효도는 모든 인간행동 중에 으뜸이라고

강조한다. 그런데 서양윤리의 근간인 기독교의 십계명도 앞의 세가지는 하느님께 해야 할 의무이고, 뒤의 일곱 가지는 인간사회에서 지켜야 할 도리를 제시하였는데, 인간사회의 계명 중 첫째는 '부모에게 효도하라'이다. 이렇듯이 동서양을 막론하고 사람이 해야 할 첫 번째 도리는 부모님께 효도하는 것이라 가르치고 있다.

그러나 나는 도리로서의 효도에 대해서 더 이상 강조하고 싶은 생각은 없다. 부모가 자식 잘 키우는 것은 하늘이 준 사명이기 때문이다.

내가 말하고 싶은 것은 나에게 정말 고마운 분에게 감사하며 사랑하자는 것이다. 언젠가 방송에서 들었던 말이 떠오른다. 우리가 밥한 번 사준 친구에게 감사해한다면 평생 밥을 해주신 어머니에게는 어떻게 해야 하겠는가? 데이트 장소에 늦게 갔는데도 아무 말 없이 기다려준 애인이 고맙게 생각된다면, 평생을 마음 졸이며 기다려 주신 어머니에게는 또 어떻게 해야 하겠는가? 취업한 선배가 책 사보라며 봉투라도 하나 건네 준다면 아마 눈물 나게 고마울 거다. 그런데 내 학비 대주시느라 평생 고생하신 아버지에게는 또 어떻게 해야 하겠는가? 나에게 모든 것을 내어주신 부모님께 감사와 사랑을 드리는 것은 너무도 당연한 일이 아닐까?

– 어머니의 사랑은 더 특별하다

법정스님의 수필에는 '부모은중경'에 있는 어머니의 사랑에 대한 이야기가 나온다.

한번은 부처님께서 많은 제자들과 함께 길을 가시던 중, 해골 한 무더기가 있는 것을 보고 이마를 땅에 대고 정중히 절을 하셨다. 제자 아난다가 의아해서 그 까닭을 물었더니, 부처님께서는 "그 해골이 전생의 부모였을지 모른다. 그리고 그 뼈를 자세히 보면 남자의 뼈는 희고 무거우며, 여자의 뼈라면 검고 가벼울 것이다. 여자는 아기를 낳을 때마다 서 말 서 되의 피를 흘리고, 여덟 섬 너 말의 젖을 먹여야 하므로 뼈가 검고 가벼워진 것이다."라고 말씀하셨다.

아난다가 이 말을 듣고 눈물을 흘리며, 어떻게 하면 어머니의 은혜를 갚을 수 있느냐고 묻자, 부처님은 다시 열 달 동안 뱃속에 잉태하였다가 산고를 치르며 낳아주신 은혜, 젖을 물리고 진자리 마른자리 갈아 누이며 키워주신 은혜, 아프면 밤새 애태우며 돌봐 주신 은혜, 잘못된 길로 가지 않을까 노심초사하며 죽을 때까지 자식만을 생각하는 은혜 등 어머니의 은혜 열 가지를 일일이 말씀하시며, 그 은혜를 잊지 말라고 당부하셨다.

6.25 전쟁 때 입양을 간 한 여성의 사연은 생각만 해도 눈시울을 젖게 한다. 한국을 지원하기 위해 의료진의 일원으로 왔던 어떤 외국 군인이 겨울철에 다리를 지나는데 다리 밑에서 아이의 울음 소리가 들려서 내려가 보았다. 다리 밑에는 엄마가 아기를 꼭 끌어안고 있었는데 엄마는 자기 옷을 다 벗어서 아기를 감싼 상태로 죽어 있었다. 그래서 그 군인은 엄마를 다리 근처 언덕에 묻어주고, 아기는 자기 나라로 데리고 가서 키웠다. 양아버지는 딸이 성인이 되자 한국으

로 그를 데리고 와서 엄마의 무덤을 찾아갔다. 양아버지로부터 그 사연을 들은 딸은 자기의 옷을 벗어서 엄마 무덤에 덮어주며, "엄마 그때 얼마나 추우셨어요." 하며 한없이 울었다.

이게 우리들의 어머니다. 나의 어머니를 포함하여 세상의 모든 어머니는 자식에게 그런 분이다. 그래서 부처님께서도 어머니 은혜에 대해 특별히 말씀하셨고, 예수님께서도 어머니 마리아의 말씀을 잘 들으시고 돌아가실 때는 제자들에게 어머니를 특별히 부탁하신 것이다. 이순신 장군께서도 어머니를 극진히 모신 만고의 효자셨다.

나는 생도 때 평생 실천해야 할 것으로 '하느님 공경하기, 나라 사랑하기, 부모님께 효도하기'를 정했다. 나는 이 다짐대로 효도를 실천하려고 애썼다. 나는 효도는 다른 것이 아니라, 부모님이 걱정 하실 일을 하지 않는 것, 부모님이 바라고 좋아하시는 것을 해드리는 것이라 생각했다. 그래서 나는 우선 어머니께 안부 인사를 자주 드렸다. 전화가 없던 시절에는 매일 문안엽서를 쓰기도 했다. 어머니께서는 막내인 나와 사시는 것을 좋아하셔서, 고향에 가실 일이 없으실 때는 늘 내가 모시고 살았다. 서울에 정착하면서는 홀로되신 장모님도 돌아가실 때까지 10년 동안 함께 모시고 살았다. 또 어머니께서 세상구경을 많이 하시도록 기회가 될 때마다 어머니를 모시고 여행을 많이 다녔다. 아내와 나는 어머니께서 돌아가시기 한 해 전인 99세 때에도 휠체어에 모시고 부산 해운대도 가고 설악산에도 다녀왔다.

어머니께서는 내가 전역을 한 후로는 고향 충주에 가서 계셨는데 100세가 되시면서 기력이 많이 떨어지셨다. 나는 어머니께서 우리와 함께 하실 시간이 많지 않음을 직감하고, 맡고 있던 지상군 연구소장 직을 사임하고 고향으로 내려갔다. 나는 어머니 곁에서 옛날 이야기도 같이하고, 죽도 먹여드리고, 어머니 옆에서 같이 잤다. 그렇게 다섯 달을 더 사시고 어머니께서는 아름다운 5월에 아버지 곁으로 가셨다.

어머니를 위해서 더 애쓴 사람은 아내다. 아내는 어머니와 정말 모녀 같이 지냈고, 어머니께서 100세까지 장수하실 수 있었던 것은 아내가 어머니의 건강을 극진히 돌봐드린 공이 크다.

자식이 아무리 잘해도 부모님이 베풀어준 은혜에 비하면 만분의 일도 되지 못한다.

— 내 자식을 잘 키우는 왕도

이제 결혼을 해서 가정을 꾸린 부부에게 가장 큰 과제는 자녀를 낳아서 잘 키우는 일일 것이다. 부모들이 자녀를 키울 때는 능력을 키워주는 것도 중요하지만, 정말 자식이 잘되기를 바란다면 훌륭한 인성을 꼭 갖추어 주어야 한다. 그런데 훌륭한 인성을 키워주는 최고의 방법은 부모가 일상의 삶 속에서 좋은 모범을 보이는 것이며, 이 모범 중에 으뜸은 자기 부모님을 사랑하는 모습을 보이는 것이다.

나는 지금까지 살아오면서, 부모를 진심으로 사랑할 줄 아는 사람이 인성이 잘못되고 사회적으로 지탄받는 것을 본 적이 없다. 병사들이 군에 입대하면 부모님께서 베풀어주신 사랑이 얼마나 크고, 부모님이 얼마나 소중한 분인지를 많이 깨닫게 되는데, 이렇게 부모님의 사랑을 깨닫는 병사는 문제도 절대 일으키지 않고 군대생활도 잘하였다. 그리고 한마디 보태고 싶은 말은, TV 드라마를 보거나 실제 생활에서도 젊은이들이 반말을 하거나 화를 내는 등 부모님을 함부로 대하는 모습을 볼 수 있는데 이것은 잘못된 것이다. 직장에서 상사를 함부로 대하지 않듯이 부모님께도 공손한 태도를 가지는 것이 당연한 도리다.

다섯째, 나누며 살기

나누는 삶에 대해서는 앞에서 많이 이야기하였다. 나누는 삶은 우리의 행복을 두 배로 키워주는 마법이 있다. 자기 가정에서 만들어진 행복을 자기 가족만 누리면 안 된다. 이것을 이웃에게 자꾸자꾸 나누어 주어야 한다. 그럴 때 가정의 행복도 두 배로 커지고, 더불어 사는 공동체가 건강해진다. 그리고 나눔 또한 훌륭한 자녀 교육임을 잊으면 안 된다.

감사하면
모든 것이 채워진다

고르디우스의 매듭

행복은 원하는 바가 잘 채워졌을 때, 즉 우리 마음이 만족을 느낄 때 많이 온다. 만족감은 기본적으로 $\frac{충족}{욕구}$ 이다. 그래서 만족감을 키우려면 충족을 키우든지, 욕구를 줄이든지 해야 한다.

그런데 충족을 키우는 것이 참으로 마음 같지 않은 것이 현실이다. 또 충족을 마음대로 키울 수 없으면 욕심을 줄여야 하는데, 현실 속에 사는 우리가 속세를 떠난 스님처럼 모든 것을 훌훌 벗어 던지고 무소유와 무욕으로 살 수도 없다. 그러면 충족을 마음껏 키울 수도 없고 욕심을 마냥 줄일 수도 없으면, 행복은 언제, 어디서, 어떻게 찾는단 말인가? 참으로 어려운 문제다.

그 답이 바로 '고르디우스의 매듭'에 있다고 나는 생각한다.

'고르디우스의 매듭'은 프리기아의 수도 고르디움에 있는 고르디우스의 전차에 매우 복잡하게 얽히고 설킨 매듭인데, 이 매듭에는 아시아를 정복하는 사람만이 이 매듭을 풀 수 있다는 이야기가 전해오고 있었다. 마침 이 지역을 지나던 알렉산더 대왕이 이 말을 듣고 이 매듭을 한칼에 잘라 버렸다. 고르디우스의 매듭 이야기는 '대담한 방법을 써야만 풀 수 있는 문제'라는 뜻으로 널리 쓰이는 말이다.

알렉산더 대왕이 '고르디우스의 매듭'을 한 칼에 해결한 것처럼, 매사에 감사하는 마음을 가지면 현실생활에서 만족감을 얻는 문제를 확실하게 해결할 수 있다. 어두운 방을 초 한 자루가 환하게 만들 수 있듯이 감사할 줄 아는 마음은 우리의 모든 욕구를 다 채워 줄 수 있다.

돌아보면 모든 것이 다 감사하다

우리는 노벨 평화상 수상자이며 남아프리카 공화국 대통령이었던 넬슨 만델라를 잘 안다. 그는 46세부터 무려 27년간이나 감옥생활을 했다. 70세가 넘은 나이에 출소하는 만델라를 세계 각국의 기자들이 교도소 앞에서 기다렸는데, 만델라는 27년이나 감옥생활을 한 사람이라고는 믿기지 않을 정도로 아주 건강하고 밝은 모습이었다. 그래서 기자들이 그 비결을 물었다. 넬슨 만델라는 웃으면서

"나는 감옥에서 중노동을 나갈 때, 넓은 자연으로 나간다는 즐거움

에 비록 몸은 힘들지만 일을 즐겼습니다. 하늘을 보고 감사했고, 땅을 보고 감사했습니다. 남들은 감방에서 좌절과 분노를 삭였지만, 나는 마음을 내려놓고 용서를 했습니다. 물을 마시며 감사했고, 음식을 먹으며 감사했고, 강제 노동을 할 때도 감사했습니다. 그랬더니 세상의 모든 즐거움이 나를 감쌌습니다."라고 대답했다.

사실 우리가 조금만 마음을 내려놓고 주변을 돌아보면, 삶이 다 축복이고 감사한 것으로 꽉 차있다는 것을 알 수 있다.

헬렌 켈러는 19개월 되었을 때 앓은 열병의 후유증으로, 평생 보지도 듣지도 말하지도 못하는 장애를 가지고 산 사람이다. 그가 53세 때 쓴 '사흘만 볼 수 있다면'이란 수필집을 보면, 우리가 파란 하늘과 아름다운 꽃과 사랑하는 사람을 볼 수 있다는 사실만 해도 얼마나 감사한지, 또 사랑하는 가족과 오손도손 이야기를 나누고, 숲에서 지저귀는 새소리와 아름다운 음악을 들을 수 있다는 것만 해도 얼마나 감사한 일인지를 잘 알 수 있다.

감사도 훈련하고 습관화되어야 한다

감사도, 고맙다는 감정을 마음으로 느끼는 것을 넘어서 행동으로 드러내야 하고, 이것도 일회성이 아니라 일상화되도록 해야 한다. 우리가 사소한 일에도 감사함을 느낄 줄 알면 하루에도 여러 번 감사하는 마음을 가질 수 있고, 그만큼 더 행복감이 커지게 된다.

나는 지금껏 살아오면서, 똑같은 일에 대해서도 어떤 사람은 고마움을 느끼고 감사해할 줄 아는 반면, 어떤 사람은 그게 왜 고마운지 또 얼마나 고마운지를 잘 모르거나, 알아도 잘 표현하지 않는 사람들을 보았다. 그런데 작은 일에도 늘 고마워하며 감사함을 잘 표현할 줄 아는 사람이, 인간관계도 훨씬 좋고 사회적 성공도 더 잘 이루는 것을 참 많이 보았다.

나는 어릴 때부터 신앙생활을 해서 그런지 매사에 감사한 마음을 가지는 자세가 습관처럼 되었던 것 같다. 일이 좀 안되더라도 더 크게 잘못되지 않은 것을 감사하게 생각했고, 병이 나더라도 더 큰 병이 나지 않은 것을 감사해 했다. 그리고 헬렌 켈러 같은 사람을 생각하며, 내가 보고 듣고 말하고, 마음대로 다니고 하는 것들만 해도 얼마나 감사한 것인지를 늘 생각했다. 나는 내가 정말 힘들 때도, 내가 아직 가진 것들, 즉 가족, 건강, 친구, 집, 신앙 같은 것들을 적어보며, 이것만 해도 얼마나 감사한가를 생각하며 새롭게 힘을 얻곤 했다.

감사의 완성은 용서다

매사에 감사하는 마음을 가지면 우리 마음이 만족감으로 충만해져 행복한 삶을 살게 된다. 그런데 받고 누리는 것에 대해 감사한 마음을 가지는 것으로는 아직 부족함이 있다. 우리 마음 속에 누군가를 미워하고 원망하는 마음이 있다면, 우리는 아직 충분히 만족스럽거나 평화롭지 않은 것이다. 우리가 진정한 마음의 평화까지 얻기 위해서는 미움과 원망까지 없어져야 한다. 그래서 우리는 용서하고 화해해야 한다.

2015년 6월 19일, 미국 사우스캐롤라이나 주의 노스찰스턴 법원에서는 이틀 전 흑인교회에서 성경 공부 중인 사람들에게 총기를 난사하여 9명을 죽게 한, 백인 우월주의 청년 딜런 로프의 재판이 열렸다. 재판에 참석한 유족들은 "우리는 너를 용서한다. 증오는 결코 사랑을 이길 수 없다."고 말했다. 이 같은 유족들의 용서는 세계인들에게 깊은 감동을 안겨 주었다.

사실 우리는 누구를 용서하기 전에 우리 자신이 먼저 용서받아야 할 사람이라는 것을 잘 알아야 한다.

웃음과 노래가 있는
기쁜 삶

우리가 행복해지려면 우리 마음이 또한 기쁨으로 충만해야 한다. 기쁨이 충만한 삶이 되기 위해서는 일상이 재미 있고, 웃음과 노래가 함께하며, 내 나름의 삶을 윤택하게 하는 취미가 있어야 한다고 나는 생각한다. 재미있게 사는 것은 앞에서 이야기하였고, 취미는 각자의 취향에 따라 다양하게 가꾸고 누릴 수 있는 것이어서, 여기서는 웃음과 노래가 있는 삶에 대해서만 좀 더 이야기하려 한다.

웃음은 최고의 의사며 삶의 활력소다

웃음이 우리 삶에서 얼마나 중요한지는 굳이 설명할 필요가 없을 것 같다. 웃음은 우리 삶의 활력소고 비타민 같은 것이며, 의학적으로 놀라운 치료효과까지 있다고 수없이 확인된 바 있다.

사람의 뇌는 크게 웃을 때마다 엔도르핀을 포함한 20여 가지 쾌감 호르몬을 분비하여, 통증이 완화되고 암세포를 파괴하는 NK세포가 크게 활성화된다고 한다. 말기 암 환자들이 웃음치료로 병을 고친 사례도 실제로 많이 있다. 또 한 번 크게 웃으면, 우리 몸 속의 많은 근육이 움직여 1분만 실컷 웃어도 10분 동안 에어로빅이나 조깅을 한 효과가 있고, 15초만 웃어도 수명이 이틀 연장된다는 연구결과들도 있다. 물론 웃음 하나로 모든 병을 다 고치는 것은 아니겠지만, 웃음이 우리의 건강에 놀라우리만큼 긍정적 영향을 미치는 것은 분명하다.

에이브러햄 링컨, 윈스턴 처칠, 버락 오바마 같은 유명한 정치가들의 공통점은, 탁월한 유머감각을 가졌다는 것이다. 오바마 대통령은 8년간의 임기를 마치면서 자신의 정치적 고향인 시카고에서 고별연설을 하였는데, 오바마 대통령이 등단하자 모두 일어나서 우레와 같은 박수와 함성을 보냈다. 오바마 대통령이 모두 앉으라고 말을 해도 환호가 끊이질 않자, "이렇게 대통령 말을 안 듣는 것을 보니 레임덕이 확실하다."고 해서 국민들을 또 한 번 웃게 했다. 미국 정치는 유머가 있어서 멋있고 국민의 사랑을 받는다.

유머는 나눔이고 소통이다

나는 앞에서도 이야기하였듯이 한 번뿐인 인생이니 진지하고 성실하게 살아가야 하지만, 일상의 삶은 기쁘고 즐거워야 한다고 생각했다. 그러다 대위 때 미국에서 공부를 하면서 유머의 중요성을 잘 알게 되었고, 특히 리더에게는 유머가 매우 중요한 자질 중의 하나라는 것도 깨닫게 되었다. 또 대령 때는 내 유머가 사람들에게 웃음과 기쁨을 준다는 것을 알고, 그때부터 하나의 나눔을 실천한다는 차원에서 모임에 갈 때는 유머를 몇 개씩 준비하기 시작했다.

그리고 장군이 된 후로는 유머가 부하들과 소통하는 데도 매우 유용한 도구라는 것을 알고, 회식자리는 물론 공식적인 자리에서도 유머를 써서 분위기도 부드럽게 만들고, 필요한 메시지도 전달했다.

다음은 내가 국방대학교 총장으로 취임한 후 교직원들과 첫 대면을 할 때 쓴 유머다.

"아침에 어머니가 아들에게 '아들 일어나서 학교가야지' 하셨더니 아들이, '학교 가기 싫어요'라며 일어나지 않았다. 그래서 어머니께서 '왜 학교 가기 싫은데?' 하고 다시 물으시자, 아들은 '전에는 학생들만 나를 싫어했는데 요즘은 선생님들까지 나를 싫어한단 말이에요'라고 하는 것이었다. 그랬더니 어머니께서 '그래도 너는 교장인데 학교에 가야 되는 것 아니니?'라고 하셨다."

교직원들은 파안대소를 하였다. 그리고 나는 한마디 보탰다. "학교 오기 싫은 총장 되지 않게 해주세요. 잘 부탁 드립니다." 교직원들은 다시 한 번 크게 웃었고, 나의 메시지도 잘 전달되었다.

나는 군사외교를 하거나 대통령에 대한 업무보고 등 국방부의 중요한 행사를 할 때도 유머를 적절히 활용하여 좋은 성과를 많이 만들어 낼 수 있었다. 이런 유머들을 준비하려면 수고를 좀 해야 한다. 그런데 여기에 들어간 수고보다 얻은 효과는 비교할 수 없을 만큼 컸다.

음악이 있어
행복한 삶

　　　　　음악은 누구나가 즐기는 우리 삶의 쉼터 같은 요소이지만, 나에게는 늘 나와 함께 하는 삶의 일부다. 나는 무엇을 하건 음악부터 틀어 놓고 시작하고, 내 생활공간은 언제든지 음악을 들을 수 있게 되어 있다. 음악은 내 삶을 윤택하게 하고 나를 참 행복하게 해준다. 그래서 나는 기회가 되는 대로 음악회나 뮤지컬 공연도 가보곤 한다.

　아인슈타인은 죽을 때, "더 이상 모차르트를 들을 수 없는 것이 가장 아쉽다."는 말을 남겼다. 음악을 들으면서 죽는다면 죽음도 콘서트 홀에 가는 기분일 것 같다.

열째 조언

세상에 기죽지 말고
당당한
삶의 주인이 되라

기(氣)죽으면
안 된다

내가 여러분에게 마지막으로 주고 싶은 조언은 '세상에 기죽지 말고 당당한 삶의 주인이 되라'는 것이다. 세상을 살다 보면 기를 죽이는 것들과 많이 부딪히게 된다. 학교 다닐 때는 공부 잘하는 학생, 얼굴 예쁜 학생, 싸움 잘하는 학생, 부모가 부자인 학생을 보면 기가 죽을 수 있다. 또 청년이 되면 명문대를 다니고, 좋은 직장에 취직한 사람을 보면 기가 죽을 수 있다. 몇 번씩 이력서를 내고 도전해 보았는데 취업이 안 되고, 어렵게 창업을 했는데 사업이 잘 안되면 기가 죽을 수 있다.

이럴 때 여러분은 어떻게 할 것인가? 그래서 정말 기가 죽을 것인가? 아니다. 그런 것 가지고 기죽으면 안 된다. 기죽을 이유가 없다. 나는 지금 알량한 자존심 세우고, 허세를 부리라는 것이 아니다. 물론 이런 것들이 현실적으로 기를 살리고 죽이는 데 영향을 주는 요소이기도 하고, 어떤 사람은 실제 그렇게 영향을 받기도 한다.

그러나 그것은 겉모습만 보아서 그렇다. 눈을 돌려 여러분의 안을 보기 바란다. 여러분에게는 이것들을 얼마든지 당당하고 멋지게 이겨낼 수 있는 힘, 즉 기氣가 있다는 것을 알아야 한다.

기氣는 우리 안에 내재된 기운이며 에너지다. 말하자면 전기와 같은 것이다. 방 안에 전등을 밝히고, 전자제품과 공장을 돌리는 것은 전기이듯이, 사람을 행동하게 하고, 쓰러져도 다시 일어나게 하는 힘은 기에서 나오는 것이다. 사람이 활발하게 움직이는 것은 생기生氣가 있는 것이고, 두 눈에 빛이 나는 것은 정기精氣가 있는 것이다. 젊음이 좋은 것은 혈기血氣가 넘치기 때문이며, 모두가 머뭇거릴 때 앞장 서는 것은 용기勇氣가 있기 때문이다. 이순신 장군께서 '신에게는 아직 열두 척의 배가 남아 있습니다'라며, 일본군과 당당히 맞서 승리할 수 있었던 것은 결기決氣가 있었기 때문이다.

요즈음 우리 청춘들이 세상을 살아가기가 만만치 않다. 그럼에도 불구하고 많은 젊은이들은 자기의 인생을 꿋꿋하게 개척해 가고 있다. 군대의 여군들만 보아도 요즈음 젊은이들의 그런 당당하고 야무진 기개를 볼 수 있다. 나는 언젠가 여자대학 ROTC 특강을 갔는데, 보고하는 여학생의 목소리가 얼마나 우렁찬지 깜짝 놀랐었다. 이들은 여군이라고 결코 뒤로 빼는 일이 없이 늘 당당하다. 그들은 모두기가 살아 있기 때문이다.

그러니 스펙이 좀 떨어진다고, 금수저, 은수저가 아니라고, 취직시험에 좀 떨어졌다고, 창업했는데 실패 좀 했다고 기죽지 마라. 어떤 역경과 난관이 있더라도 기가 살아 있는 한 여러분은 결코 무너진 것이 아니며, 초라한 것도 아니다. 여러분이 기만 살아 있다면 얼마든지 다시 일어설 수 있고, 멋지게 이 세상을 헤쳐나갈 수 있다. 세상을 성공적으로 살았던 많은 사람들이 다 그랬다. 그래서 나는 20-30 청춘들에게 힘주어 말하고 싶다.

"세상에 기죽지 마라! 기죽지 마라! 절대 기죽지 마라!"

내 삶의 주인으로
살아가기

왜 삶의 주인이 되어야 하나?

물론 지금이 조선시대도 아닌데 종이나 노예로 사는 사람은 없다. 그런데 우리에게 이런 경우는 많지 않던가? 하기 싫은데 마지 못해 일하고, 직장에서 살아남아야 하니까 마음 상해도 참고, 상사에게 잘 보여야 하니까 억지로라도 아부를 해야 하고, 친구들이 다하는 유행이니까 무조건 따라 하고, 체면이 있으니 명품 하나쯤은 들어주어야 하고, 끊임 없이 남들의 눈과 반응을 의식하고, 돈과 권력 앞에 서면 작아지는 그런 경우 말이다. 이럴 때 여러분은 내 삶의 진정한 주인이 누구라고 생각하는가? 다시 말해 내 마음의 지배자가 누구인가 말이다? 내가 지금 내 마음의 주인인가? 아니면 일이, 상사가, 남의 눈과 평가가, 유행과 명품이, 돈과 권력이 내 마음의 주인인가?

요즈음 사회적으로 지친 몸과 마음을 치유하는 힐링이 유행이다. 몸도 몸이지만 그만큼 현대인들의 마음이, 바쁜 일상, 치열한 경쟁, 불편한 인간관계 등으로 많이 지치고, 상처 받고, 힘들기 때문이다. 그런데 우리의 마음이 이렇게 지치고 상처 받고 힘이 든 더 큰 이유는, 내가 내 삶의 주인이 아니기 때문이라고 나는 생각한다. 내 마음이 다른 외부요소들에 의해 휘둘리고 있기 때문에, 더 지치고, 더 상처 받고, 더 힘든 것이다.

군에서 구보를 해 보면 낙오를 하는 사람이 있는데, 이 사람에게 인솔자가 되게 하면 낙오하지 않고 끝까지 잘 뛴다. 회사에서도 종업원들에게 주식을 나누어 주고 주주가 되게 하면, 훨씬 더 일을 잘 하게 된다는 것은 경영학에서 검증된 논리다. 자기가 종이 되어서 끌려가면 하기도 싫고 쉽게 지치지만, 주인이 되어서 끌고 가는 입장이 되면 즐겁게 하게 되고, 또 쉽게 지치지 않는 것이다.

우리의 삶도 마찬가지다. 먹고살려고 마지 못해 일하는 것이 아니라, 내 가족들의 행복을 위해 내가 즐겁게 일하는 것이고, 상사의 비위를 맞추는 것이 아니라 나의 분명한 목표와 계획을 추구하는 것이고, 유행을 따라 가는 것이 아니라 내가 정말 좋아서 하는 것이고, 남의 눈과 평가 때문이 아니라 나의 신념과 가치관을 따르는 것이라면 이야기가 완전히 달라진다. 그렇다면 비록 몸은 힘들 수 있지만 마음은 얼마든지 편하고 자유로울 수 있다.

삶의 주인으로 살아가는 지혜

우리는 한 번뿐인 소중한 삶이니, 하루를 살아도 주인의 삶을 살아야지, 종처럼, 또는 누군가의 아바타처럼 살아서는 안 된다.

> **내 삶의 주인으로 살기 위해서 필요한 것**
>
> 첫째, 자존심이 아니라 자존감을 가져야 한다.
> 둘째, 소신과 진정한 배짱이 있어야 한다.
> 셋째, 가치를 추구하고 개성을 살려야 한다.

첫째, 자존심이 아니라 자존감을 가져야 한다

자존심과 자존감은 차이가 있다. 미국 오하이오 주립 에크런대의 상진아 교수가 조선일보에 기고한 심리이야기에 보면, '자존심은 남에게 굽히지 않고 스스로의 품위나 가치를 지키려는 마음이고, 자존감은 자신을 스스로 가치 있게 여기고 존중하는 마음'이라고 정의하고 있다. 한마디로 자존심은 남으로부터 영향을 받는 것이고, 자존감은 남의 평가에 구애됨이 없이 스스로를 소중하게 생각하며, 자신이 추구하는 가치를 소신껏 지켜가는 마음이라고 말할 수 있다.

『논어』의 첫 구절에 보면, '배우고 때때로 익히면 또한 기쁘지 아니한가, 벗이 먼 곳에서 찾아오니 또한 즐겁지 아니한가'란 구절과 함께 人不知而不慍 不亦君子呼(인불지이불온 불역군자호)'남이 나를 알아주지 않아도 이를 노여워하지 않는다면 진정한 군자가 아니겠는가'란 말이다. 공자님께서도 남의 평가에 연연하지 않으며, 자기의 가치관을 따라 소신껏 삶을 살아가는 사람이야말로 진정한 군자라고 말씀하셨다. 공자님이 말씀하시는 군자君子는 높은 학식과 고매한 인격을 갖춘 사람을 말하는데, 여기에는 높은 자존감을 가진 사람이라는 뜻이 함께 있는 것이다.

우리는 누구나가 충분히 소중한 존재다. 그러니 남의 평가와 생각에 너무 연연하지 말고, 남과 비교하며 자신을 과소평가하지도 말아야 한다. 그리고 나의 장점을 잘 살리고, 올바른 가치관을 세워서 당당하게 살아가야 한다.

나는 성격적으로 완벽을 추구하는 편이고, 또 자신의 부족함을 아는 겸손함이 있어야 한다는 생각을 늘 했다. 거기에다 남의 평가를 좀 의식하는 면이 있었다. 그러다 보니 완벽하지 못하다고 생각할 때는 자신감이 떨어지기도 하고, 때론 필요 이상으로 걱정도 하게 되고, 그래서 스스로를 힘들게 한 면이 많이 있었다. 그런데 나이가 들면서, 사람은 완벽한 존재가 아니라 완벽을 추구하는 존재이며, 겸손함과 당당함은 배치되는 것이 아니라, 자세는 겸손하면서도 얼마든지 당당하게 자기의 뜻을 펼치는 것이 더 잘하는 것이라는 것을 깨닫게 되었다. 또 '남의 평가에 너무 연연하지 말고, 최선을 다했으면 됐다. 나머지는 하늘에 맡기자.'라며 스스로를 인정해주고 결과에 애태우지 않으니까, 마음이 많이 편해지고 훨씬 더 당당해질 수 있었다.

어떤 큰스님이 제자와 함께 길을 가고 있었는데, 건달들이 말도 안 되는 이유로 시비를 걸고 욕을 하는 것이었다. 큰스님은 한 번 껄껄 웃으시고는 가던 길을 가셨다. 제자는 건달들의 소행에 화도 나고, 큰스님이 말씀 한마디 없이 오신 것이 의아해서 그 연유를 여쭈었더니 큰스님께서 제자에게 질문을 하셨다. "얘야, 너에게 금덩어리가 하나 있는데 그것을 다른 사람에게 주었다. 그런데 그 사람이 그것을 받지 않았다면 그 금덩어리가 누구 것이 되느냐?" 그러자 제자는 "그러면, 그냥 내 것이 되지요." 하고 답하였다. 스님은 "바로 그것이다."라고 말씀하시고는 가던 길을 가셨다.

진정한 자존감이 있으면 이렇게 될 수 있다. 예를 들어 직장에서 일을 잘못했다고 질책을 좀 받더라도, 정말 잘못된 것은 내가 고치면 되고, 상사가 과도한 것은 스님처럼 생각하는 것이다. 나도 스님의 말씀을 마음 다스리는 데 많이 활용하였다. 자존감의 의미와 가치를 일찍 깨달으면, 그만큼 덜 상처 받고, 덜 힘들게 되고, 더 여유롭게 인생을 살 수 있다.

둘째, 소신과 진정한 배짱이 있어야 한다

– 소신 있는 삶

내가 내 삶의 진정한 주인이 되기 위해서는 소신이 있어야 한다. 우리가 세상을 살면서, 합리적 근거도 없이 무조건 자기 주장만 내세우는 고집을 부려서는 안 되지만, 합리성과 신념을 바탕으로 해서, 흔들림 없이 자기의 뜻을 지켜나가는 소신은 반드시 가져야 한다. 소신이 없으면 늘 남에게 휘둘리거나 끌려가는 삶이 되고, 자신의 철학과 개성이 없이 다른 사람의 아류로 살아가게 된다. 그래서 나중에 많은 후회와 아쉬움을 남길 수 있다.

무엇을 하든 진짜 중요한 것이 무엇인지를 알고, 자기 나름의 신념과 철학을 가지고 행동해야 한다. 그렇게 나다운 생각과 소신이 있어야 내 삶의 진정한 주인이 되는 것이고, 결과에 대해서도 남 탓하지 않고 당당하게 받아들이며, 후회와 아쉬움이 남지 않는 인생을 살 수 있는 것이다.

나는 중위 때 부사관학교 교관을 했는데, 후보생들이 여름에는 냉방도 안 되는 교실에서 졸음과 싸우느라 많이 힘들어했다. 그래서 나는 후보생들을 연병장으로 데리고 나와 게임을 좀 하고, 수업은 핵심위주로 확실하게 가르쳤다. 한번은 학교장께서 수업시간인데 게임을 하는 것을 보시고 야단을 치시려고 나를 불렀다가 내 설명을 들으시고는 잘한다고 오히려 칭찬을 해 주셨다. 내 경험으로 보면 업무도 소신을 가지고 추진할 때 성과를 더 얻을 수 있었다. 나도 경험이 부족할 때는 신중한 판단을 하느라 부하들에게 지침을 빨리 결정해주지 못하는 경우가 있었는데, 경험이 쌓이면서 판단이 충분치 않더라도 타이밍을 놓치지 않는 것이 더 중요하고, 또 장단점이 애매할 경우는 소신 있게 결정하고 강력하게 추진하는 것이 더 성과가 크다는 것을 알게 되었다.

우리가 소신 있는 삶을 추구하되 멋대로 사는 것과 혼동해서는 안된다. 소신은 다른 의견에 대해서 배타적이지 않으며, 남에게 폐 끼치지 않고 공공의 선에도 부합하는 것이어서 공감이 있다. 그러나 멋대로 사는 것은 오직 자기만 좋고 남에 대한 배려나 공공의 선이 없기 때문에 아무런 공감이 없고, 진정한 멋도 없는 것이다.

- 진정한 배짱

『미움 받을 용기』라는 책이 많은 독자들의 공감을 얻어 베스트셀러가 된 적이 있었다. 이 책은 오스트리아의 심리학자 아들러의 심리학을 일본의 철학자 기시미 이치로와 작가 고가 후미타케가 대화형식으로 풀어낸 것이다. 이 책은 "사람의 모든 고민이 인간관계에서 비롯되며, 모두에게 인정받으려는 욕구 때문에 행복해질 수 없는데, 인간관계에서 내 영역이 아닌 것은 과감하게 내려 놓을 줄 아는 용기가 필요하다."고 이야기한다. 매우 공감이 가는 이야기다.

배짱이 있다는 것은 우선 있는 그대로를 솔직하게 드러내고, 그것을 행동으로 옮길 수 있는 용기와 당당함이 있다는 것이다. '강연 100도씨'라는 TV프로가 있었는데, 자기가 가진 장애나 어두운 과거를 솔직하게 고백해서 오히려 많은 감동을 주는 모습을 볼 수 있었다. 그런 당당함과 그것을 행동으로 실천하는 용기가 진정한 배짱이고, 내 삶의 주인이 되는 자세다.

또 배짱은 어떤 상황에서도 기죽지 않고 침착하게 대응할 수 있는 여유와 담대함을 가지는 것이다. 사실 세상을 살다 보면 정말로 실력이 부족해서라기보다 배짱이 부족해서 일을 그르치는 경우가 많다. 분명히 실력이 있는 선수인데 경기에만 나가면 실수를 많이 하고, 능력은 있는데 상사 앞에만 서면 위축이 되어 제대로 말을 못하는 사람이 있다. 또 세일즈를 할 때도 주저하고 소심해지면 신뢰를 주지 못해 될 일도 안되게 된다. 이것은 모두 배짱이 부족해서 그런 것이다. 세상일에는 다 어느 정도의 위험이 있는 것이고, 이것을 당당하게 감수하지 못하면 아무것도 얻을 수 없는 것이다.

사실 나만 어려운 문제를 받은 것이 아니고, 나만 긴장되는 것은 아니다. 그러니 이럴 때는 아랫배에 힘을 한번 딱 주고 "그래, 한 번 부딪쳐 보자, 당황하지 말고 침착하고 당당하게 행동하자."라고 마음을 야무지게 다져 먹어라. 그러면 위축되지 않고 최선의 대처를 할 수 있다. 실력이 정말 부족하면 실력을 키워서 다시 도전하면 되고, 한 번 찍어서 안 넘어가면 열 번 찍으면 되는 것이다.

특히 리더는 어떤 위기 상황에서도 침착하고 여유도 부릴 수 있어야 한다. 그래야 위기상황에 제대로 대처할 수 있고, 부하들에게 신뢰를 줄 수 있다.

그리고 배짱은 전략적 마인드를 가지고 큰 가치를 위해 작은 것을 과감히 버리고, 2보 전진을 위해 1보 후퇴도 할 줄 아는 것이다. 중국 한나라를 세우는 데 크게 기여했던 한신 장군도, 젊은 시절 큰 뜻을 품고 팽성으로 가는 길에 불량배들을 만났는데, "대장부가 한 순간의 굴욕을 참지 못한다면 어찌 대장부라 할 수 있겠냐?"라고 생각하고, 그들의 가랑이 밑으로 기어나간 유명한 일화가 있다.

알량한 자존심 세우고, 사소한 분을 참지 못해 큰 뜻을 그르치거나, 조바심 때문에 좀 기다리지 못하는 것은 전략적이지 못하다.

물은 얼핏 보면 참 부드럽고 약해 보인다. 작은 돌을 만나도 돌아서 가고, 조그만 둑을 만나도 흐름을 멈춘다. 그런데 이 물이 바위를 뚫고, 물을 채워서 결국 둑도 넘는다. 그리고 홍수 때 보면 집도 바위도 다 쓸어가는 게 물이다. 늘 강한 것이 강한 것이 아니다. 그것은 강한 것이 아니라 경직된 것이다. 부드러울 때는 부드럽고 강할 때는 무섭게 강한 것이 진짜 강한 것이며, 때를 기다릴 줄 아는 것이 전략적인 것이다. 이런 것이 진정한 배짱이다.

– 진정한 배짱은 두려움이 없는 것이 아니라
두려움을 극복하는 것이다

그런데, 배짱 있다는 것이 두려움이 없다는 것이라 생각하면 안 된다.

우리가 겁을 먹어서는 안 되지만, 두려움이 없으면 경거망동하게 되고, 매사에 대비를 소홀히 하게 된다. 진정한 배짱은 두려움이 없는 것이 아니라 두려움을 극복하는 것이다.

여기서 두려움을 느끼는 것과 겁을 먹는 것을 좀 구별할 필요가 있다. 위인들의 사례나 내 경험으로 보면, 두려움은 닥쳐올 위험을 이성적으로 인식하는 것, 즉 위기의식을 가지는 것이고, 겁은 그 위험을 정서적으로 인지하여 불안을 느끼는 것이다. 불안은 커지면 사실보다 위험을 크게 인식하는 공포가 된다. 그래서 닥쳐올 위험에 대해서 겁을 먹어서는 안 되며, 두려움, 즉 위기의식을 가지고 그 위험을 냉철하게 인식해야 한다.

개인, 기업, 군대 모두 위기의식이 없으면 큰 일을 당하게 되어있다. 대기업의 회장들을 보면 최고의 실적을 냈을 때도, "우리가 앞으로 5년 후, 10년 후에 무엇을 해서 먹고살 것인지를 생각하면 잠이 오지 않는다."고 한다. 이런 리더의 위기의식이 기업을 늘 깨어있게 하고 발전하게 만드는 원동력이 되는 것이다. 이순신 장군께서도 전투에 나가서 패배했을 때에 대해 두려움을 가지셨다. 이것은 죽는 것이 두려운 것이 아니라, 패하면 나라를 지키지 못하는 것을 두려워한 것이다. 그래서 늘 철두철미하게 준비하셨다.

그러니 위험을 우습게 보거나, 두려움이 없어야 강한 사람인 양 오해하지 말기 바란다. 그렇게 되면 틀림없이 일을 그르치고, 잘못하면 자신은 물론 부하들의 목숨도 값없이 잃을 수 있다. 그래서 불안과 초조함에 휘둘리는 겁쟁이가 되어서는 안 되지만, 장차 닥쳐올 위험을 두려운 마음으로 냉철하게 인식하고 대책을 철저히 세울 줄 알아야 한다. 이것이 진짜 배짱이다. 진정한 배짱은 두려움을 가지되 이를 멋있게 극복하는 것이다.

– 배짱, 이렇게 키워라

배짱은 특히 리더가 될 사람에게 꼭 필요한 요소다. 나는 전쟁을 해야 하는 군대의 지휘관이기 때문에 배짱을 키워야 한다는 생각을 많이 했다. 나는 생도 때 호연지기를 많이 배웠고, 또 개인적으로 맹자님이 말씀하신 '대장부론'과 정신과 의사인 이시형 박사의 『배짱으로 삽시다』란 책을 읽으면서, 진정한 배짱에 대해 많이 배울 수 있었다. 리더의 배짱은 부하들 앞에서 큰소리나 치고, 어깨에 힘주는 허세나 만용을 부리는 것이 아니라, 솔직하고 당당하며, 결단하고 책임질 줄 알고, 위세와 조바심에 휘둘리지 않는 용기와 담대함과 여유를 가지는 것이다.

나는 앞에서 기죽지 말라고 했는데, 이 기氣가 바로 배짱이 나오는 원천이다. 그래서 기를 잘 키우면 배짱이 생기게 되어 있다. 맹자는 호연지기를 가진 '대장부'가 되라고 가르치셨는데, 호연지기는 기본적으로 올바른 인격과 강인한 심신 속에서 나오는 것이다. 그래서 삼국통일의 원동력이 된 화랑도들이나, 지금의 사관생도들이 명산대천을 찾아다니며 심신을 수련하는 것이다.

나는 배짱을 키우기 위해서는 여러분도 주기적으로 산과 바다로 한 번씩 나가 볼 것을 권한다. 산 위에 올라 발아래 세상을 한 번씩 굽어보고, 바다로 나가 일망무제로 탁 트인 대양을 한 번씩 마주해라. 그리고 그곳에서 세상을 향해 힘차게 소리쳐보기 바란다. 특히 어렵고 힘들 때는 꼭 그렇게 해봐라.

그리고 기와 배짱은 아랫배에 힘이 들어가 있을 때 생긴다는 점을 유념하기 바란다. 호흡을 해도 아랫배까지 숨을 크게 들이마시고 내뱉는 복식호흡을 하도록 하고, 소리를 낼 때도 목이 아니라 저 아랫배에서 나오는 우렁찬 소리를 내도록 하라. 그렇게 끊임 없이 훈련을 하면 틀림없이 도움이 될 것이다.

지혜는 차가운 머리에서, 사랑은 따뜻한 가슴에서, 배짱은 두둑한 아랫배에서 나오는 법이다.

나도 사관학교 교육과 롤 모델 따라하기, 그리고 독서를 통해서 배운 대로 끊임없이 인격을 갈고 닦으며 심신을 단련하는 노력을 기울이다 보니까, 장군이 되어 수만 명의 부하를 지휘할 수 있었고, 대통령 앞에서 여유 있게 유머를 쓰며, 미국, 일본, 중국 등 강대국들과도 당당하게 군사외교를 할 수 있었다.

그리고 경험이 쌓이면서, 최고의 배짱은 이순신 장군과 안중근 장군 같이 사심私心 없이 정도正道를 걷고 본분本分에 충실할 때 나온다는 것을 알게 되었다.

셋째, 가치를 추구하고 개성을 살려야 한다

나는 앞에서 '돈·지위·명성보다 가치를 추구해야 한다'고 말했다. 그렇게 말한 이유는 돈과 지위와 명성을 추구하면 그것들이 내 삶의 주인이 되기 때문이다. 돈·지위·명성은 우리 인생에서 수단이고 결과물이지, 그것 자체가 목적이 아니다. 우리에게 정말 소중한 것은 진정한 가치이고 우리 자신이다.

나는 '창조와 봉사'라는 가치관을 정립하면서, 돈·지위·명성보다 가치를 추구하는 삶을 살 수 있었는데, 이처럼 가치를 추구하는 삶이 나에게 더 큰 지위와 명예를 선물처럼 가져다 주었다고 생각한다.

그리고 정말 나답게 멋지게 살려면 내 삶에 나만의 색깔이 좀 있어야 한다. 그게 바로 개성이다. 신인가수들의 등용문인 K-POP 스타 오디션 프로그램을 보면, 심사위원들이 가끔 "노래는 정말 잘하는데 불합격입니다." 또는 "노래는 못했는데 합격입니다."라는 말을 한다. 진정한 가수가 되려면 기존 가수를 흉내만 내려는 사람이 되어서는 안 되고, 자기만의 색깔을 가진 사람이 되어야 한다는 이야기다. 우리 삶도 마찬가지다. 내 삶에 나만의 색깔이 있어야 멋있다.

화이부동(和而不同)의 지혜를 함께 가져야 한다

나는 지금 소신과 배짱이 있고, 개성이 있는 삶에 대해 이야기하고 있다. 그러나 소신껏 사는 것이 멋대로 사는 것은 아니라고 앞에서 말한 바 있다.

그런데 우리가 소신과 개성을 가질 때 한 가지 더 유념할 것이 있다. 소신과 개성을 가지는 것이 독불장군이 되고, 혼자만 별난 사람이 되라는 것은 아니다. 우리가 공동체 안에서 다른 사람들과 더불어 살아가는 것은 소신과 개성보다 우선하는 가치다. 그래서 우리는 소신과 개성을 가지면서도 다른 사람들과 더불어 살아가는 지혜를 반드시 가져야 한다.

그 답이 바로 논어에서 말하는 화이부동和而不同이다. 이 말은 주위와 화합하며 잘 어울리지만, 줏대 없이 남의 의견에 따라 부화뇌동하지는 않는다는 뜻이다. 직장에서 보면, 자기 주장이 명확하면서도 예의가 바르고 겸손해서 누구와도 잘 어울리는 사람이 있고, 또 업무에선 카리스마 넘치면서도 성품은 온화해서 부하들을 따뜻하게 품어주는 인간미 있는 상사들이 있다. 그리고 평소에는 일밖에 모르는 사람인 줄 알았는데, 모두 어울리는 자리에서는 멋지게 악기를 연주하는 사람이 있다. 이들은 화이부동의 지혜를 아는 것이다.

지혜로운 사람은 하나를 얻기 위해 하나를 잃는 사람이 아니다. 정말 지혜로운 사람은 그 두 가지를 다 얻을 줄 아는 사람이다. 우리가 세상을 살아가면서 이런 화이부동의 지혜를 가지면, 소신과 개성을 살리면서도 얼마든지 공동체와 잘 어울릴 수 있다.

젊은 시절에 준비한 나의 10가지 인생밑천

젊은 시절에
잘 준비해야 한다

　　　　　꿈은 어릴 때부터 꿀 수 있지만, 어떤 가치
관과 인생관을 가져야 하고, 또 어떤 인생지표를 가지고 이런 꿈을
이루어 갈 것인가를 깨우치는 것은 어린 나이에는 쉽지 않은 일이다.

　　공자님 말씀에도 보면 '열다섯 살에 학문에 뜻을 두고 서른에 섰
다'라는 말이 있다. 이것은 공자님 같은 성인도 인생관과 가치관은 서
른이 되었을 때 정립이 되었다는 뜻이다. 나도 내 나름의 확고한 가
치관을 가지게 된 것은 서른이 다 되어서였고, 열 가지 인생지표들은
빠른 것은 생도시절부터 깨닫고 실천했지만, 중용의 지혜 같은 것은
30이 훌쩍 넘은 나이에 깨달았다. 사실 사람은 평생을 깨우치면서 사
는 것이고, 죽을 때까지 깨우치지 못하는 것도 있다.

그런데 이런 가치관이나 인생지표들은 생각만으로 깨닫기보다, 책을 읽고, 몸으로 고생을 해보고, 사회와 직접 부딪쳐 보는 등의 실천적 행동을 통해서 확실하게 깨달아지는 것이라고 나는 생각한다. 나는 생도생활이 시작된 20세부터 30대 초반까지 기울였던 실천적 노력들을 통해 그런 깨달음이 왔다. 이제부터 그런 나의 노력들에 대해 이야기 해보겠다.

1
책 많이 읽고
메모해 두기

사람은 책을 만들고 책은 사람을 만든다

광화문 네거리에 있는 교보빌딩 옆에는 '표본실의 청개구리'로 잘 알려진 소설가 염상섭이 벤치에 앉아 있는 동상이 있고, 그 뒤로 '사람은 책을 만들고 책은 사람을 만든다'는 큼직한 표어가 자리잡고 있다. 책이 우리 인간에게 어떤 존재인지를 잘 설명한 표현이다. 나는 인격과 지식을 잘 갖춘 사람이 되기 위해서는 무엇보다도 책을 많이 읽어야 한다고 생각했는데, 그 이유를 정리해 보면 이렇다.

첫째, 도산 선생님의 가르침대로, 나라에 힘이 되는 사람이 되기 위해서는 나 자신이 먼저 인격적 지식적으로 힘이 있는 사람이 되어야 한다.

둘째, 장교는 군대의 리더로서 전쟁을 승리로 이끌 수 있는 군사적 혜안을 가져야 하고, 또 부하들을 잘 설득하고 지도할 수 있도록 충분한 지적 기반을 갖추어야 한다.

셋째, 장교로서 임무를 수행하려면 민간지도자들이나 외국군과도 폭넓게 교류하게 될 텐데 이때 그들과 대화하는 데 지식적으로 부족함이 없는 군인이 되어야 한다.

독서목록과 독서노트를 만들다

나는 생도 3학년 때, 막연히 닥치는 대로 책을 읽을 것이 아니라, 목표와 계획을 가지고 체계적으로 책을 읽어야 한다는 생각을 하고, 내 스스로 독서 목록을 만들어가며 책을 읽기 시작했다. 이 시기에 내가 관심을 가졌던 것은 역사, 철학, 문학 등 인문학 관련 책들과, 젊은이들에게 삶의 지표가 되어 줄 수 있는 훌륭한 인물들의 전기나 인생멘토들이 쓴 인생론 같은 책들이다. 물론 군인으로서 필요한 책들은 군 생활 내내 업무와 연계하여 많이 보았다.

내가 특별히 잘했다고 생각하는 것은 그냥 책만 읽는 것이 아니라 독서노트를 함께 준비한 것이다. 나는 책을 읽고 좋은 내용들은 메모를 해 놓아서 두고두고 참고할 수 있었다.

'Leader'는 Reader'란 말도 있듯이, 성공한 사람들은 대부분 책을 많이 읽었다. 정말 책을 많이 읽는 사람들은 평생 1만 권 정도의 책을 읽는다고 한다. 참으로 존경스럽다. 나는 이렇게 많은 책을 읽지는 못했다. 나는 다독보다 정독하는 스타일이어서, 좋은 책이라고 생각하면 한 줄도 안 빼고 꼼꼼히 읽으면서, 좋은 내용은 밑줄을 치고, 밑줄 친 것은 다시 내 독서노트에 옮겨 적었다. 그러다 보니 좋은 책은 기본으로 세 번은 읽는 셈이 되었고, 20대에 읽고 정리한 것 중에는 지금까지 백 번도 더 읽은 것도 있다.

나는 또 책뿐만 아니라, 신문이나 잡지 등 어디에서나 좋은 내용을 보게 되면, 이것을 독서노트에 스크랩해서 참고하였다. 내 스크랩에는 1974년 성년의 날에 쓴 조선일보와 동아일보의 사설이 지금도 그대로 있다.

나에게 교훈과 감명을 준 책 50선

내가 20대부터 시작해서 지금까지 읽은 책 중에서, 나에게 특별히 많은 교훈과 감명을 준 책 50권을 소개하면 다음과 같다. 여기에는 문학서적이나 군사서적은 제외하였다.

1. 성경/사랑하고 용서하라, 대접받고 싶은 대로 먼저 대접하라.

2. 논어/군자君子의 길을 따라야 한다.

3. 맹자/진정한 대장부가 되어야 한다.

4. 중용/균형과 조화의 감각이 중요하다.

5. 명상록/마르크스 아우렐리우스/누구에게서나 배우는 사람이 되라

6. 고백록/아우구스티누스/인간의 한계를 깨닫고, 겸손하고 감사해라

7. 난중일기와 이순신/다수/ 바르게 사는 용기, 애국애민, 효도, 인과 엄의
   리더십, 철저한 전투준비, 문무겸비

8. 안창호 전기/다수/나라 사랑, 힘있는 사람, 자강불식, 실사구시

9. 세종대왕 리더십/다수/백성을 진실로 사랑, 창조와 포용의 리더십

10. 안중근 전기/다수/나라 사랑, 위국헌신 군인본분, 진정한 배짱

11. 징비록/유성룡/유비무환, 올바른 공직 자세, 선비의 군사적 혜안

12. 목민심서/정약용/올바른 공직 자세, 실사구시 정신

13. 백범일지/김구/나라를 위한 헌신, 겸손과 포용의 리더십

14. 위국헌신의 길/육군본부/장교의 사명과 자세

15. 지휘통솔/육군본부/진정한 군인정신, 군대 리더의 자질

16. 손자병법/손자/선승구전과 부전승 전략, 장수의 도

17. 군과 나/백선엽/솔선수범의 리더십, 전략적 마인드

18. 역사의 연구/토인비/창조적 소수가 역사를 발전시킨다

19. 인생론/안병욱/일회적 인생과 가치 있는 삶, 인격의 중요성

20. 적극적 사고방식/노만 필/긍정적이고 적극적인 자세

21. 한국청년에게 고함/김동길/양심, 용기, 철학 있는 사람이 되자

22. 홀로 있는 시간을 위하여/김형석/최고의 가치는 인격이다

23. 너희와 모든 이를 위하여/김수환 추기경/사랑, 용서, 감사, 겸손

2
일기
쓰기

　　　　　내가 사관생도 때는 일기를 의무적으로 쓰게
되어 있었다. 그래서 졸업을 하면서 3금 해제와 함께 매일매일 일기
를 써야 하는 부담에서도 벗어났다. 그렇게 두 달이 지났을 때 이런
자각이 왔다. "사람이 세상을 잘 살아가려면 끊임 없이 자신을 돌아
보며, 잘못된 것은 바로 잡고 새롭게 다짐하는 과정이 필요하다. 어
릴 때는 부모님과 선생님께서 이런 역할을 해주셨고, 생도 때는 훈육
관들이 지도를 해 주셨다. 그런데 이제 장교가 되었으니 누구도 그런
잔소리를 해 주지 않는다. 이제부터는 잘못을 한다면, 비난과 손가락
질, 그리고 나쁜 평가만 있을 뿐이다. 그러니 내 스스로 나를 돌아보
고, 스스로 잔소리를 들을 수 있는 장치를 만들어야 한다."

　그래서 나는 다시 일기를 쓰기 시작했다. 나는 나를 돌아보는 장치

로서 일기를 썼기 때문에, 매일매일 써야 한다는 부담감이나 형식에 구애받지는 않았다. 그래서 때로는 일주일에 한 번 쓰기도 했고, 어떤 때는 한 달에 한 번 쓰는 경우도 있었다.

나는 20-30 시절에는 일기를 형兄이라고 불렀다. 그래서 형과 이야기하듯이 일기를 썼고, 한 번 쓰면 할 이야기가 많으니 여러 페이지를 쓰게 되었다. 다음은 소위 시절의 일기 한 구절이다.

1977년 1월 9일 일요일

"형, 새해 복 많이 받으시오. 나도 복 많이 받으리다. 가까스로 한 달을 건너뛰는 위기를 모면하였습니다. 1976년은 나로서는 전까지 연말이면 느끼곤 했던 후회스러움과 아쉬움이 덜했던 한 해였던 것 같습니다. 소대장으로 부임한 이래 그런대로 보람 있는 생활을 한 결과인 것 같습니다.

- 중 략 -

그러나 한편, 지난 한 해를 돌아볼 때 크게 반성하고 개선해야 할 점도 적지 않음을 봅니다. 첫째는 신앙생활의 나태입니다. 둘째는 생활의 무계획성입니다. 미리 미리 판단하여 준비함이 없이 임기응변식으로 해결해 가는 얄팍하고 위험스러운 생활이었습니다. 출근시간 임박해서 기상하고 독서에 대한 의지도 박약하였습니다. 소대를 지휘하는 것도 다른 소대장들보다 좀 낫다는 평가에 안주하여, 당초 생각해 두었던 것을 제대로 실천하지 못했습니다. 셋째는 내가 얼마나 인간다운 생활을 하느냐에 대한 반성과 개선 노력이 부족한 것입니다"

그런데 나의 20-30 시절을 돌아보면, 일기는 정말 나에게 형 같은 역할을 해 주었다. 형은 나의 고백이나 푸념도 들어주고, 나를 질책하고 격려하고 또 길도 알려주었다. 젊은 시절에 일기를 썼던 일은 정말 잘한 일이었다. 만일 일기를 쓰지 않았더라면 오늘의 나는 없었을 것이라고 생각된다.

내가 일기를 통해서 얻은 것은 크게 세 가지다.

첫째는, 일기를 처음 시작했을 때의 목적대로, 일기는 나 자신을 돌아보며 잘못을 바로잡고, 바른길로 가도록 이끌어 주었다.

둘째는, 앞에서 한번 언급한 바와 같이, 내가 멈추지 않고 끊임 없이 앞으로 나아가도록 나의 의지를 지속적으로 키워 주었다.

셋째는, 일상의 기록을 남기려는 뜻으로 일기를 쓰지는 않았지만, 일기는 자연스럽게 나의 역사가 되었다. 일기를 보면 내가 20대부터 지금까지 어떻게 살아왔는지 생생하게 알 수 있다.

3
롤 모델
따라하기

로마제국의 5현제 중 마지막 황제인 마르쿠스 아우렐리우스는 황제이면서 철학자였다. 그가 쓴 명상록은 지금도 읽히는 불후의 명저인데 이 책은 이렇게 시작한다. "할아버지 베루스로부터 나는 어진 성품과 자제력을 배웠고, 아버지에 대한 기억과 세인들의 평판은 내게 겸손함과 대장부다운 기질을 갖게 했다. 철학자 디오그네쿠스로부터 자질구레한 일에 시간을 낭비하지 말 것을 배웠다." 이런 식으로 인생의 멘토가 되었던 16명으로부터 배운 것들이 명상록의 가장 앞부분을 채우고 있다.

나는 앞에서 모르는 길을 갈 때는 먼저 그 길을 가본 사람을 벤치마킹하는 것이 지혜로운 방법이라고 이야기하였다. 교육학에서도 모방은 가장 기본적이고 보편적인 교육방법이다. 아직 세상에 대한 충분한 경험이 없는 단계에서는 훌륭한 삶을 살았던 사람을 열심히 따라가는 것이 안전하고도 확실한 방법이며, 그렇게 하다 보면 분명히 그런 인물에 가깝게 가게 된다고 나는 믿었다. 내가 젊은 시절부터 닮고자 노력했던 주 모델은 이순신 장군, 도산 안창호, 논어에 나오는 이상적 인격모델인 군자君子상이다.

이순신 장군

이순신 장군은 비단 군인이 아니라도 한국 사람이면 누구나가 존경하는 분이다. 그러나 장교의 길을 가는 나에게는 더욱 특별한 분이 아닐 수 없다. 나는 사관학교를 졸업하고 전방에 나가기에 앞서, 부족함이 많은 내가 앞으로 어떻게 부하들을 이끌고, 나라를 지키는 사명을 완수할 것인가에 대한 걱정과 부담감이 참으로 컸다. 이때 내가 찾은 솔루션이 바로 이순신 장군 따라 하기다. 그래서 나는 이순신 장군과 임진왜란에 대한 책 3권을 사다가 밑줄을 치며 새롭게 읽기 시작했다.

내가 일기를 다시 쓰기 시작한 1976년 5월 27일의 일기에는 이렇게 적혀 있다.

"요즈음 임진왜란과 이순신 장군에 대한 책을 읽고 있다. 정말 정말 위대한 우리의 조상이시다. 그분만큼 공과 사를 구별해서 처신할 수 있을까? 그분만큼 조국과 겨레를 사랑할 수 있을까? 그분만큼 군사적 지식을 터득할 수 있을까? 그분만큼 효도할 수 있을까? 그분만큼 인과 엄을 병행하여 부하를 지휘할 수 있을까? 그분만큼 문호에 대해서도 결코 뒤짐이 없는 전인적인 인격을 갖출 수 있을까? 아무리 생각해도 그중의 하나도 제대로 하기 어려울 것 같다."

지금 생각해도 이순신 장군님은 여전히 하늘의 별 같은 위치에 계시는 분이다. 그렇지만 나는 늘 이순신 장군의 모습을 마음에 품고 따라 하려고 노력했기에, 부족함이 많았던 내가 군인이며 리더로서의 사명을 다할 수 있었던 것은 분명하다.

내가 이순신 장군에게서 배운 것은 이런 것이다.
첫째, 바르게 사는 용기다. 장군께서는 높은 도덕성과 정의감을 가지고 공과 사를 엄격히 구별하고, 개인적 출세보다 임무완수와 나라의 안위를 항상 우선했던 것을 배워야 한다.
둘째, 장군께서는 호기와 의욕만으로 전투를 하신 것이 아니라, 철저하고 창의적인 준비를 통해 반드시 승리했던 것을 배워야 한다.
셋째, 장군께서는 부하와 국민을 진실로 사랑하시고, 부하의 능력을 차별 없이 인정하고 활용함으로써, 부하들로부터 마음에서 우러나는 존경과 신뢰를 받았던 것을 배워야 한다.
넷째, 장군께서는 단순히 무예와 병법에만 능한 군인이 아니라, 시를 짓고 난중일기를 쓰신, 문무겸전의 품격 높은 무인이었다는 것을 배워야 한다.

다섯째, 장군께서는 늘 "나라가 나를 필요로 할 때는 신명을 다 바쳐 헌신하지만, 나라의 쓰임이 끝나면 기꺼이 고향으로 내려가 농사를 짓겠다."고 하신 무욕과 달관의 고매한 인격을 배워야 한다.

도산 안창호

도산 안창호 선생님은 나에게 나라에 대한 생각을 가르쳐 주신 첫 번째 롤 모델이시다. 1979년 8월 18일의 내 일기에는 이렇게 적혀있다.

> "민족의 사표로 추앙되는 도산 선생님의 전기를 읽었다. 많은 감명과 교훈을 얻을 수 있었다. 나라에 인물이 없음은 스스로 인물이 되고자 노력하는 자가 없기 때문이라는 생각, 그래서 스스로 지덕체를 갖추기 위해 끊임없이 자기수련을 하신 자세를 본받아야 한다."

내가 도산 선생님으로부터 배운 것은,

첫째, 나라의 소중함을 잘 알고, 나라를 위해서는 일신의 영달이나 편안함을 기꺼이 버리고, 나라에 모든 것을 바칠 수 있어야 한다.

둘째, 나라는 힘이 있어야 되며, 나라가 힘이 있기 위해서는 국민 모두가 지식 있고, 인격 있고, 단합하는 국민이 되어야 한다. 그러기 위해서는 나부터 공부하고 고매한 인격자가 되어야 한다.

셋째, 도산 선생님은 나라를 잃었다고 그저 울분만 토하고 비분강

개하는 것으로는 아무것도 할 수 없다고 생각하시고, 학교를 세우고, 지도자를 양성하는 등 실효성 있고 장기적인 비전을 가지고, 이를 행동으로 실천하신 분이다. 나도 이런 실사구시 정신과 실천력을 가져야 한다.

군자(君子)

나는 생도 2학년 때 『논어』를 처음 읽었는데, 이때 "아, 사람은 이렇게 살아야 되는구나, 그래 바로 이런 사람이 되어야 한다"는 생각을 하게 되었다. 논어에 나오는 군자君子는 학문과 인격이 높은 이상적인 인물상을 말하며, 이와 반대되는 인물은 소인小人이다. 공자님은 제자들에게 늘 소인이 되지 말고 군자가 될 것을 끊임 없이 주문하셨다. 나는 비록 군자까지 될 수는 없겠지만, 군자상을 추구하는 사람은 되어야 한다는 생각을 늘 마음에 품고 살았다. 논어는 나이가 들면서 몇 번을 더 읽으며, 이런 깨우침을 되새기곤 했다.

논어에서 배운 군자다운 모습은 이런 것들이다.

- 배우기를 좋아하고, 남이 나를 알아주지 않아도 이것을 탓하지 않아야 군자다.
- 집에 들어가면 효도하고, 밖에 나오면 남에게 믿음을 주며, 모든 사람을 널리 사랑하되, 특히 어진 사람을 가까이하여야 한다.
- 군자는 말을 앞세우지 않고 행동을 앞세운다.

– 부귀는 사람들이 바라는 것이나, 도道로써 얻은 것이 아니면 거기에 머물러 있지 말아야 한다.

– 군자는 의義로운 것에 밝고, 소인은 이利로운 것에 밝다.

– 벼슬이 없음을 걱정하지 말고, 그런 자리에 설 능력이 없음을 걱정해야 한다.

– 도道라 함은 말이나 글로써 깨달았다고 되는 것이 아니라, 반드시 행동으로 실천해야 하는 것이다.

– 지나친 것은 모자란 것이나 같다.

– 네가 싫은 것은 남에게 행하지 마라.

– 군자는 남과 화합은 하지만 부화뇌동하지 않고, 소인은 남과 부화뇌동하지만 화합은 하지 못한다.

– 군자는 긍지를 가지면서도 다투지 않고, 잘 어울리면서도 파당을 만들지 않는다.

나에게 본이 되었던 또 다른 인물들

나는 위의 롤 모델뿐만 아니라, 동서양의 훌륭한 군인들과 내가 모셨던 상관들로부터 군인정신과 리더십을 많이 배웠다. 특히 안중근 장군과 같이 나라를 위해 모든 것을 바친 애국지사와 독립투사들로부터 나라를 위한 헌신을 배우고, 소외되고 버림받은 사람들을 위해 평생을 바친 사람들을 보면서 진정한 봉사의 가치를 배웠다. 나는 또 온갖 장애와 역경을 극복하며 인간승리의 삶을 살았던 사람들로부터 참으로 많은 것을 배웠다. 그들은 어떠한 일이 있어도 절대 희망을 버리지 않았고, 자기를 넘어지게 한 걸림돌을 디딤돌로 바꾼 진정한 배짱의 소유자들이었다. 그리고 나는 김연아 선수나 훌륭한 부하들처럼 아랫사람들에게서도 배울 것이 있으면 기꺼이 배우고, 물이나 산 같은 자연에서도 많은 지혜를 배웠다.

살다 보면 혹 바르지 못하거나 잘못된 사람들도 보게 된다. 그런 사람을 보면서는 나는 저렇게 살지 말아야겠다고 생각하며 반면교사로 삼았다.

4
가치관
정립하기

나는 앞의 두 번째 인생조언에서 나의 가치관에 대하여 이야기한 바 있다. 나는 장교로 임관해서 전방에서 2년 여쯤 근무하였을 때, 좀 더 분명한 가치관의 필요성을 절실하게 인식하였다.

물론 사관학교를 갈 때 나라에 대한 생각은 있었지만, 직업으로서의 군인이란 삶이 본격화되고, 독립된 사회인으로서 세상과 마주하면서, 좀 더 진지하고 치열한 회의와 고민을 통해서 나의 가치관과 인생관을 분명히 해야겠다는 자각이 들었다.

그래서 나는 공자님께서 30세에 섰다는 말씀도 생각하면서, 서른이 되기 전까지 나의 가치관과 인생관을 확립하기로 하였다. 내가 스물일곱 살인 1979년 2월 25일의 일기에는 "30에 서야지, 고민이 적다. 폭풍우에도 쓰러지지 않고 꿋꿋이 버티어 나가는 거목처럼, 수십 층의 빌딩을 이상 없이 받쳐내는 반석처럼 인생관과 가치관을 확립해야 한다."라고 적혀 있다. 그래서 역사 책, 철학 책도 다시 읽으며, 몇 년간 진지하고 치열하게 회의하고 고민하였다. 이 과정을 거치면서 내가 분명하게 정리한 것은 세 가지다.

첫째, 나는 나라의 안위와 국민의 생명을 지키는 막중한 사명을 가진 군인이며 리더라는 사실을 다시 한 번 명확히 인식했다.

둘째, 나는 영국의 역사학자 토인비 박사가 "역사는 창조적 소수 Creative Minority가 발전시킨다."고 한 말을 생각하면서, 창조적 삶의 가치를 깊이 깨닫고, 어디서 무엇을 하든지, 나로 인해서 그 조직과 그 일이 조금이라도 창조적으로 발전했다는 평가를 받을 수 있는 사람이 되어야겠다고 생각했다.

셋째, 나는 훌륭하게 인생을 살았던 사람들의 삶을 살펴보면서 그들이 후세로부터 존경을 받는 이유는 한결같이 봉사적인 삶을 살았기 때문임을 알았다. 그래서 나는 봉사의 가치를 크게 깨닫고 항상 소외되고 불쌍한 이웃을 생각하며, 아낌없이 나누고 봉사하는 삶을 살아야겠다고 생각했다. 그리고 군인인 나에게 있어서 최고의 봉사는 나라를 위해 헌신하고, 필요하면 하나뿐인 목숨도 기꺼이 바치는 것이라는 생각을 확고하게 가졌다.

그렇게 해서 '창조와 봉사'를 나의 가치관으로, '소외되고 불쌍한

이웃을 생각하며, 창조적 발전을 도모하며 봉사적 삶을 사는 리더'를
나의 인생관으로 정립하였다.

5
웃는 얼굴로
반갑게 인사하기

　　　　　　나는 좋은 인간관계를 만드는 첫째 요소로
웃는 얼굴로 반갑게 인사하기를 제시한 바 있다. 내가 인사의 중요
성을 깨달은 것은 임관 후 부임한 첫 근무지에서였다. 아침에 출근을
하면서 만나는 사람들과 인사를 하는데 며칠 지나면서 보니까, 인사
를 하는데도 사람에 따라 몇 가지 유형이 있는 것이었다. 내가 인사
를 하면 어떤 사람은 같이 밝게 웃으면서 인사를 하고, 어떤 사람은
무표정한 얼굴로 사무적으로 인사를 하고, 어떤 상관은 고개만 끄덕
하면서 아주 성의 없이 인사를 받는 것이었다.

　　그런데 인사를 받는 사람들의 태도에 따라 나의 기분도 영향을 받
는다는 것을 알고 "아, 인사 하나만 가지고도 사람을 기분 좋게 할 수
도 있고, 또 반대로 기분 나쁘게 만들 수도 있구나. 그렇다면 앞으로

내 인사를 받는 사람은 기분이 좋아지도록, 언제나 웃으면서 반갑게 인사하도록 하자."라고 결심하였다. 그리고 또 하나, "경례는 아랫사람이 윗사람에게 먼저 하는 것이지만, 인사는 먼저 본 사람이 그냥 하는 것이다. 그러니 계급이나 신분 같은 것 따지지 말고, 이등병에게라도 먼저 보았으면 내가 먼저 인사하자."라고 마음 먹었다. 그리고 평생 그대로 실천하였다.

소대장 생활이 얼마쯤 지났을 때 어떤 부사관이 웃으면서 말을 건냈다. "임 중위님은 출근할 때 거울 보고 웃는 연습을 하고 나오십니까? 아침에 임 중위님을 만나면 참 기분이 좋습니다." 나는 거울을 보며 웃는 연습까지 한 것은 아니지만, 아침마다 오늘도 '웃으면서 반갑게 인사하자'라는 다짐을 하는 것은 사실이었다.

나는 인상이 좋다는 말을 많이 듣는 편인데, 이것은 전적으로 웃으면서 반갑고 따뜻하게 인사하는 습관이 가져다 준 선물이다. 내가 육군본부에서 참모차장을 할 때, 병사들은 나에게 'Good Morning General'이란 별명을 붙여 주었다.

6
품격 있고
따뜻하게 말하기

요즈음은 많이 달라졌지만, 내가 군 생활을 처음 시작할 때는 군대 언어 문화가 정말 좋지 않았다. 그때의 군대는 으레 적당히 욕도 하고 거친 표현을 써야 된다는 잘못된 문화가 있었다. 그래서 군대가 목숨을 바쳐서 나라와 국민을 지키는 자랑스러운 조직인데도 불구하고, 잘못된 언어문화로 군에 대한 국민들의 이미지도 나빠지고, 또 많은 병영 사고의 원인이 되기도 하였다.

그래서 나는 소대장으로 부임하면서부터, 부하들에게 절대 욕을 하지 않고 거친 표현을 쓰지 않는 장교가 되기로 굳게 결심했다. 그리고 국제신사인 장교로서의 품위를 지키기 위해서도 품격 있는 말을 꼭 써야 한다고 생각했다.

그리고, 군인으로서 필요할 때는 단호하고 강한 어조로 말하지만, 군인이라고 일상적인 대화나 개인적인 인간관계에서도 늘 무겁고 경직되게 말할 필요는 없다고 생각했다. 또한 이왕이면 긍정적이고 따뜻한 표현을 쓰고 가능한 남에게 힘이 되고 기분이 좋아지는 말을 많이 하려고 노력했다.

내가 부하들과 대화를 나누었던 메모지의 첫머리에는 항상 부하들을 인정하고 칭찬하는 말이 들어 있다. 그리고 사람을 만날 때도, 때에 맞는 칭찬거리를 찾아서 인사에 곁들이곤 했다. 그래서 부하들을 질책을 할 때도 잘한 것을 먼저 말하고, 벌을 준 다음에도 야단 좀 맞았다고 기죽지 말라며 따뜻한 말로 격려해 주었다.

『카네기 인간관계론』에 보면 "꿀을 얻으려면 벌통을 걷어차지 마라."며 남을 비난하거나 심판하는 말을 조심하라고 강조하고 있다. 나는 말을 할 때 남을 비난하거나 다른 사람의 자존심에 상처를 주는 일이 없도록 특별히 조심하였다. 나는 유머를 할 때도 누군가를 깎아내리는 유머는 쓰지 않도록 조심한다. "꽃으로라도 때리지 말라."고 했다. 그리고 상처가 될 말을 한 것 같으면 진심으로 사과를 하였다. 혹 본의 아니게 나로 인해 상처를 받고도 사과받지 못한 분이 있다면 이 책을 통해 진심으로 사과드린다.

7
계획성 있고 알뜰하게
시간 쓰기

하늘이 우리에게 준 가장 공평한 것은 아마 시간일 것이다. 사실 세상에는 어쩔 수 없는 불평등이 많이 존재한다. 심지어는 하늘에서 주는 햇빛이나 비도 지역마다 다르다. 그러나 하루 24시간은 세상 누구에게나 공평하게 주어진다. 누구나 노력하면 자기의 꿈을 이룰 수 있는 것도 이 때문이다.

그래서 나는 시간을 알차게 잘 활용하여야 한다고 늘 생각했고, 일기에도 보면 게으르고 성실하지 못한 것에 대한 반성과 새로운 다짐의 이야기가 많이 나온다. 이런 자각과 성실하지 않은 생활에 대한 끊임 없는 반성이, 젊은 시절 전체로 보면 시간을 알뜰하게 쓰는 밑거름이 되었다.

내가 시간을 알차게 쓰기 위해 활용한 지혜는 크게 세 가지다.

계기마다 목표와 계획 세워 실천하기

나는 군인이다. 군인이란 나라와 군으로부터 쓰임을 받는 것이기 때문에 진급이나 보직도 나라와 군에서 다 정해주는 대로 따르게 되어 있다. 그러니 내가 할 것은 임무와 직책이 주어지면 거기에 맞추어 최선을 다하는 것이었고, 그래서 내가 주도적으로 언제 무엇을 하겠다는 식의 장기적인 플랜은 없었다.

그러나 나는 그때그때 계기마다, 목표와 계획을 세워서 시간을 낭비하지 않고 알차게 쓰는 삶을 살려고 노력했다. 연초에는 한 해에 대한 목표와 계획을 세워서 실천하고, 유학을 가면 유학기간을 알차게 보내기 위하여 유학생활의 목표와 계획을 세워서 공부와 여행을 하였다. 또 중대장 보직을 받으면 중대장 근무를 어떻게 잘할 것인지 목표와 계획을 세워서 실천하였다. 이런 계획적인 삶이 시간을 참 알차게 쓰게 하였다.

아침형 생활하기

생도시절에는 모든 것이 시간표대로 돌아가는 생활이었는데, 장교가 된 뒤로는 출근시간만 통제가 되어 있어서 아침에 게으름을 피우는 일이 많았다. 이런 나에게 하나의 계기가 왔다. 중위 때 한번은 서울로 외출을 나왔는데, 친구들과 어울리다가 12시가 넘었다. 당시에는 통행금지가 있던 시절이어서, 여관에서 잠시 눈을 부쳤다가 통금이 해제되는 새벽 4시에 부대로 복귀하려고 나왔다가 종을 치며 콩나물을 파는 콩나물 장수를 만났다. 그 때 나는 망치로 한대 맞은듯한 충격을 받았다. '한 가족을 책임지는 사람도 새벽 4시부터 콩나물을 팔러 나오는데, 나라를 위해 일하고자 하는 나는 몇 시부터 일어나야 되겠는가?'라고 생각하니 정신이 번쩍 났다.

나는 이런 계기가 있은 후 아침 일찍 일어나 하루를 시작하는 것이 습관이 되었다. 아침에 좀 일찍 일어나니, 맑은 공기를 마시며 아침 운동도 하게 되고, 차분히 책상에 앉아 아침 기도도 하고, 아침 식사도 거르지 않고 챙겨 먹을 수 있었다. 사무실에도 좀 일찍 출근할 수 있으니 업무를 여유 있고 꼼꼼하게 챙길 수 있었다. 특히 계급과 지위가 올라가면서 생각을 해야 할 일이 많아졌을 때는 창의적인 아이디어를 새벽시간에 많이 얻었다.

2003년에 발간된 일본인 사이쇼 히로시의 저서 『아침형 인간』이 베스트셀러가 된 적이 있었는데, 나는 여러분에게 한 번 읽어보기를 권한다.

까르페 디엠(Carpe diem)

이 말은 '오늘을 잡아라', '현재를 즐겨라'의 의미를 가진 라틴어다. 이 말은 1989년에 발표된 영화 '죽은 시인의 사회'에서, 키팅 선생님이 학교를 떠나면서 학생들에게 남겼던 말로 더욱 유명해졌다. 영화에서는 오로지 명문대 입시만을 위해 모든 것을 억압당하고 희생하는 학생들에게, 삶의 목적의식과 자유의식을 일깨워 주기 위해 쓰였지만, 나는 시간을 알차게 쓰는 최고의 지혜도 '까르페 디엠'이라고 생각한다.

나는 젊은 시절에 '일일신日日新'을 좌우명으로 삼았는데, 이것이 나의 '까르페 디엠'이었다. 이렇게 순간 순간, 하루 하루에 충실하려고 했더니 나의 젊은 시절의 시간을 알차게 쓸 수 있었다.

사실 인생이라는 것은 로또 맞듯이 하늘에서 한 뭉치가 뚝 떨어지는 것이 아니라, 하루하루가 적금처럼 쌓여서 만들어지는 것임을 알아야 한다. 또 나는 목표도 중요하지만 과정이 늘 기쁘고 즐거워야 한다고 생각했는데, 이것도 '까르페 디엠'의 지혜와 맥을 같이 하는 것이었다. 시간의 효율이 극대화되는 것은 몰입하는 것이며, 몰입은 기쁘고 즐겁게 해야 오는 것이다. 무엇을 할 때는 그 일에 즐겁게 푹 빠져야 한다. 그게 시간을 효율적으로 쓰는 지혜로운 노하우다.

시간을 가장 잘 쓰는 방법은 좀 부지런해지는 것이다

내가 활용한 지혜 말고도, 시간을 알차게 쓰기 위한 또 다른 지혜로는 자투리 시간 잘 활용하기, 일의 경중 완급을 잘 가려서 하기, 하루 15분 정리시간 가지기 등 서점에 가면 좋은 노하우를 이야기한 책들이 많이 있으니 잘 참고하기 바란다.

그런데 세상을 성공적으로 살았던 많은 사람들의 사례나 내가 살아온 경험에 비추어보면, 시간을 가장 잘 쓰는 지혜는 좀 부지런하게 사는 것이다. 효율적으로 시간을 사용하는 지혜도 필요하지만, 근본이 부지런하지 않으면 그런 것들은 다 미봉책에 불과하다.

나는 걸음이 좀 빠른 편이다. 지휘관을 할 때는 부하들을 조급하게 만들까 봐 일부러 천천히 걸었지만, 참모직위에서 일을 하면은 육군본부에서 장군참모를 할 때도 실무자들보다 더 빨리 걸었고 계단은 보통 두 개씩 올라갔다. 부지런하게 움직이는 것이 몸에 밴 탓이다. 하루를 일찍 시작하는 아침형 습관을 가질 수 있었던 것도 부지런함이 바탕에 있었기에 가능했던 것이다.

제3부 젊은 시절에 준비한 나의 10가지 인생밑천

8
온몸으로 고생하고
과감하게 도전해 보기

다이아몬드와 석탄은 기본적으로 분자구조가 같은 탄소덩어리다. 그런데 보통의 압력과 열에서 결정이 일어나면 석탄이 되고, 특별히 높은 압력과 온도에서 결정이 일어나면 다이아몬드가 되는 것이다.

사람도 마찬가지다. 우리 선조들은 "젊을 때 고생은 사서 한다."고 했다. 사람이 정말 배고파 보고, 정말 추위에 떨어 보고, 정말 죽을 만큼 힘들어 보면 세상을 보는 눈이 달라지고, 세상과 마주하는 자세가 확실히 달라지기 때문이다. 사칙연산만 공부한 학생이 시험문제를 받았는데 방정식 문제가 나왔다면 앞이 캄캄해질 것이다. 반면 미적분까지 공부를 했는데 방정식 문제가 나왔다면 그것은 식은 죽 먹기처럼 쉬울 것이다.

고생을 해보면 어려움이 와도 이를 이겨낼 내성과 극복 능력이 생기며, 또 나중에 지위가 올라가고 돈을 많이 벌더라도 춥고 배고프고 고통 받는 사람들을 눈이 아니라 가슴으로 볼 수 있게 된다.

그리고 좀 어려운 일, 힘든 일에 용기 있게 도전을 자꾸 해보아야 한다. 그래야 자신감도 커지고 배짱도 키울 수 있다.

그래서 나는 여러분들이 젊은 시절에 온몸으로 하는 고생을 꼭 해보고, 좀 어렵고 힘든 일에 과감하게 도전해 보기를 적극 권한다. 물론 이미 극한알바까지 하는 대학생들이 있지만, 막노동판에도 한번 가보고, 국토순례 행사나 해병캠프에도 가보고, 최소의 돈만 들고 힘들게 여행도 해보기 바란다. 또 직장에서 일을 할 때도 좀 어려운 일을 놓고 누군가가 스스로 나서주기를 바라는 일이 있으면 용기를 내서 손을 번쩍 들고 나서기를 바란다.

나를 단단하게 만들어준 생도 생활

나는 사관학교를 다녔기 때문에 대학생 같은 알바나 장기간 여행 같은 것을 할 수는 없었다. 그러나 생도생활은 그 자체가 하나의 극기훈련이고 심신수련이다. 아침 6시면 기상해서 모든 것이 톱니바퀴처럼 바쁘게 돌아가고, 일반 대학생들이 하는 공부를 똑같이 하면서도, 무도, 체력단련 등의 힘든 활동이 엄격한 기준으로 시행된다. 또 일반 대학생들이 한참 여름방학을 즐기고 있을 7~8월 두 달 동안에, 땀 흘리며 하계군사훈련을 받아야 한다.

나는 이런 모든 생활을 최대한 열심히 했다. 나는 상급생에게 불려가 얼차려를 받을 때도 열심히 받았다. 한번은 겨울에 칼바람이 부는데 웃통을 벗고 맨몸으로 얼차려를 받았더니 정말 살을 에는 것 같았다. 얼차려가 끝나고 런닝을 입었을 때 나는 세상에서 그렇게 따뜻한 옷은 처음 입어본 것 같았다.

3학년 하계군사훈련 때는 3주짜리 유격훈련이 계획되어 있는데, 이것은 생도 생활 중 가장 힘든 훈련이어서 다들 긴장하고 각오들도 단단히 하게 된다. 나는 이 때, 훈련을 잘 받는 것은 기본이고 나의 체력적, 정신적 한계능력을 한번 테스트해 보고, 아울러 이런 극한 상황 속에서도 내가 얼마나 의연함과 여유를 잃지 않고, 인간미까지 가질 수 있는지를 테스트해보자고 생각했다. 그래서 모든 과정을 꾀부리지 않고 원칙대로 하였다. 워낙 힘든 훈련이다 보니 저녁에는 모두들 끙끙 앓았다. 나는 옆 동료들보다 더 심하게 몸이 경직되어서 옷을 입을 때도 옆 사람 도움을 받아야 했고, 식사 때는 팔이 올라오지 않아 입이 중간까지 마중을 나가야 했다. 그래도 나는 청소 같은 일들을 항상 앞장 서서 했다.

훈련의 마지막은 60km를 철야로 행군해서 복귀하는 것이었는데, 훈련 목적상 각 분대 별로 20kg짜리 기관총을 하나씩 나누어 주어서,

분대원들이 한 시간씩 교대로 메고 행군을 해야 했다. 밤 12시쯤 내 차례가 되었는데, 나는 도저히 버틸 수 없을 때까지 내가 도맡아서 기관총을 메고 가보자고 마음 먹었다. 그랬더니 동이 틀 때까지 계속 내가 메고 갔다. 유격훈련을 마쳤을 때 나는 정말 마음이 뿌듯했고, 나 스스로에 대해 많은 자신감을 가지게 되었다.

나는 임관을 하여 실무업무를 할 때도, 상사가 좀 힘들고 고생을 해야 할 과업을 주어도 불평하기보다 오히려 기쁘게 받아 들였고, 누구를 시킬까 고민하는 눈치면 제가 하겠다며 자원을 많이 했다.

소령 때는 미국 합동참모대학에 유학을 갔는데, 한국을 좀 알려야 겠다는 생각으로 스피치콘테스트에 과감하게 도전을 하였다. 비 영어권 장교가 스피치콘테스트에 참가한 것은 학교 역사상 내가 처음이라고 했다. 나는 영어가 부족한 만큼 다른 사람보다 두세 배 더 연습을 했다. 나는 만나는 사람마다 앞에다 놓고 연습을 했는데, 심지어 맥주집 바텐더 앞에서도 연습을 했다. 이렇게 해서 참가자 16명중 8등을 하였다. 그래서 아쉽게 최종 결선에는 오르지 못했는데, 졸업식에서 학교장님이 축사를 하시면서 내가 스피치콘테스트에 참여한 것을 높이 평가하시는 것이었다.

젊은 시절의 이러한 적극적이고 도전적인 경험은 내가 나중에 큰 일을 할 수 있는 밑거름이 되었다.

군대는 학교다

나는 지휘관을 하면서 늘 병사들과 함께 하는 것을 좋아하였다. 그래서 대대장 때는 부하가 4백 명이 넘는데도 모두의 이름을 부를 수 있었고, 사단장, 군단장 때도 병사들과 많은 대화를 했다. 그래서 병사들이 변화되어 가는 모습을 잘 지켜볼 수 있었다.

사단장 때 신병교육을 가서, 고등학교 시절 자기 방을 직접 청소했던 사람 손 들어보라고 하면 100명에 3~4명 수준이었다. 그랬던 젊은이들이 군대 들어오면 청소, 빨래, 작업 등 모든 것을 자기 손으로 다 하게 된다. 조금만 추워도 감기가 걸리던 나약한 몸이 한겨울에 알통 구보를 하고 냉수 마찰을 해도 끄떡 없는 강건한 몸으로 바뀐다. 나는 군단장 때 특공연대는 천리 행군도 하도록 했는데, 입대 초기에는 30km 행군도 힘들어 했던 병사들이 400km 천리 행군도 거뜬히 해내는 것이었다. 전역 장병들과 면담을 해 보면 부대 일까지 걱정하고, 이제 어떤 어려움이 와도 잘 극복할 수 있을 것 같다며 군대에 감사하다는 말도 많이 했다.

군대 갔다 와서 사람이 달라졌다는 말은 우리 사회에서 흔히 듣는 말이다. 군대생활을 통해서 인격적으로 성숙해지고, 심신이 몰라보게 강인해졌기 때문이다. 요즈음은 병역 의무가 없는 해외영주권자도 자원 입대할 만큼 군 복무를 긍정적으로 보는 젊은이들이 많다. 그리고 이왕이면 제대로 군대 생활을 해보겠다며, GOP근무, 특전사나 해병대 근무를 지원하는 젊은이들도 많다. 그것은 당당하고 자랑스럽게 군 복무를 했다는 데 그치지 않고, 온몸으로 고생을 하면서 자기를 키우겠다는 매우 지혜로운 일이다.

군에 오는 장병들은 흔히 "피할 수 없으면 즐겨라."라는 말을 많이 한다. 그런데 진짜 지혜로운 사람은 피할 수 없는 곳에서도 배울 것을 찾아내는 사람이다. '군대는 학교다'라고 생각하는 병사들이 바로 그런 지혜를 가진 사람이다.

9
여행
많이 하기

여행은 많은 사람들의 꿈이고 로망이다. 여행은 '로마의 휴일'의 오드리 햅번과 그레고리 펙이 되어 트레비 분수에 동전을 던지고, 스페인 광장에서 아이스크림을 먹어보는 낭만을 선사한다. 여행은 우리에게 대자연의 경이로움을 느끼게 해주고, 또 역사와 문화를 배우며, 인생의 지혜를 깨닫게 한다. 바그너가 '여행과 변화를 사랑하는 사람은 생명을 가진 사람이다'라고 말하였듯이, 여행은 늘 우리의 마음을 설레게 하고, 우리의 삶을 풍요롭게 해주며, 우리에게 많은 것을 깨우쳐 준다.

나의 취미 1번은 단연 여행이다. 그래서 생도 때부터 방학만 되면 우리나라 곳곳을 여행하였고, 휴가 때면 가족들을 데리고 여행을 떠났다. 나는 항상 우리나라 지도와 세계지도를 붙여 놓고, 다녀본 곳은 표시를 하고 다음에 가야 할 곳을 생각한다. 나는 운이 좋게도 대위 때와 소령 때 미국에서 공부를 할 기회가 있었는데, 평소에는 학교 공부에 충실하고 연휴나 휴가 때면 무조건 여행을 다녔다. 이렇게 해서 젊은 시절에 많은 여행을 할 수 있었는데, 여행에서 얻은 것이 참으로 많았다. 내가 여행으로부터 얻은 것은 이런 것이다.

첫째는 견문이 넓어지는 것이다.

여행을 하면 정말 세상에 대한 이해와 지식이 넓어진다. 직접 보고, 듣고, 맛보고, 체험해보면, 책이나 TV를 통해서 얻는 것과는 차원이 다른 살아있는 지식을 얻게 되고, 또 이렇게 배운 것은 평생 잊혀지지 않는다. 이렇게 견문이 넓어지니까, 대화의 소재가 풍부해지고, 글을 쓰거나 부하들 교육을 할 때 인용할 수 있는 레퍼런스가 많아졌다.

대대장에 부임한 첫날, 나는 전 생활관을 돌며 대대원 400여 명 모두와 인사를 나누었는데, 이때 그들의 고향에 대해서 일일이 멘트를 하였다. 예를 들어 고향이 밀양인 병사에게는 얼음골 이야기를 하고, 해남인 병사에게는 대흥사 이야기를 하는 식이다. 여행을 많이 해 본 덕분에 대대원 고향의 절반 이상이 내가 직접 가본 곳이었다. 자기 고향에 대한 한마디는 대대장과 부하들 간의 심리적 장벽을 쉽게 허물어 주었다. 그리고 군사외교를 하는 등 누구와 대화를 나누더라도, 많은 여행경험이 나의 대화를 풍부하게 만들어 주었다.

둘째는, 오픈 마인드가 생기고 아이디어가 많아지는 것이다.

세계 여러 나라를 다녀보니까, 사람이 살아가는 모습은 기본적으로 같다는 것을 깨닫게 되면서, 한편으로는 우리와는 사고방식이나 생활양식에서 다른 점도 많이 볼 수 있었다. 미국을 여행하면서 자유로움 속에서도 줄을 꼭 서고, 시위를 해도 폴리스라인을 반드시 지키는 모습을 보았고, 돈을 우리와 반대 방향으로 세는 모습도 보았다. 또 로마에서는 2천 년 전에 지은 웅장한 콜로세움과 로만 포럼의 유적을 만났고, 유럽 곳곳에서 중세 시대의 건축물을 아직도 그대로 쓰는 것을 많이 보았다. 그리고 파리와 런던의 지하철이 우리보다 낡은 것을 보면서 잠깐 우쭐했다가 그것이 우리가 쇄국을 부르짖던 19세기에 만든 것이라는 사실을 알면서 입이 벌어지기도 했다.

이렇게 여행을 하면서 우리와 다른 것들, 우리보다 나은 것들을 많이 보게 되었고, 그래서 나의 시야가 넓어지고, 언제나 마음을 활짝 열고 나와 다른 생각에 눈과 귀를 기울여야 한다는 생각을 가지게 되었다. 또 업무를 할 때도 여행에서 보고 들은 것들이 참신한 아이디어를 생각해 내는 데 크게 도움이 되었다.

셋째는 나의 삶이 풍요로워지는 것이다.
우리가 한 번뿐인 삶을 잘 살기 위해서는 가치 있게도 살아야 하지만, 정신적으로 풍요로운 삶을 사는 것이 꼭 필요하다고 나는 생각한다. 정신적 풍요란 한마디로 가슴 떨리는 감동을 다양하게 많이 맛보는 것이라고 생각한다. 그래서 우리에게 시와 소설이 필요하고, 음악과 미술이 필요하며, 역사와 자연과의 만남이 필요한 것이다.

그런데 여행에는 이 모든 감동이 다 있다. 나는 미켈란젤로의 천지 창조와 레오나르도 다빈치의 모나리자를 직접 보았을 때의 벅찬 감동을 평생 잊을 수 없고, 프랑크푸르트의 괴테하우스와 잘츠부르크의 모차르트 생가를 들렀을 때의 가슴 떨림도 잊을 수 없다. 또 알프스의 융프라우와 미국의 그랜드 캐니언에서 마주한 대자연의 경이로움도 잊을 수 없는 감동으로 남아 있고, 파리의 몽마르트르 언덕에서 마신 달콤한 커피 향과 뉴올리언스의 프리저베이션홀에서 들은 재즈 연주의 진한 여운도 아직 생생하다.

여행은 정말이지 늘 내 가슴을 뛰게 하였다. 남은 인생의 버킷 리스트 1번도 아직 가보지 못한 곳들을 여행하는 것이다.

제3부 젊은 시절에 준비한 나의 10가지 인생밑천

10
진실한
신앙생활 하기

오늘의 나를 만들어준 밑바탕은 크게 다섯 가지다. 첫째는 육군사관학교의 교육이고, 둘째는 독서이며, 셋째는 일기 쓰기, 넷째는 롤 모델 따라 하기, 그리고 다섯째는 신앙생활이다.

신앙은 지극히 개인적인 영역이어서 다른 사람이 끼어들 수 없는 일이다. 신앙은 신과 개인 간의 직접적인 관계 속에서 이루어지는 정신적이고 영적인 문제이기 때문이다. 그럼에도 불구하고 내가 굳이 신앙이야기를 하는 것은, 나의 신앙이 오늘의 내가 있도록 한 실질적이며 중요한 밑거름이었기 때문이다.

인간은 세상에서 유일한 종교적 동물이다. 이것은 우리 인간이 만물의 영장으로서 대단한 능력을 가진 존재이지만, 이러한 능력이 아이러니하게도 늙고, 병들고, 죽을 수 밖에 없는 태생적 한계를 스스로 깨닫게 하였고, 또 대자연의 큰 힘 앞에 서면 바다에 떠있는 한 장의 가랑잎 같은 존재인 것도 알게 하였다.

그래서 인간이 겸손해지고, 또 절대자를 통해 이러한 한계를 극복하며 영원한 생명을 얻겠다는 생각을 하게 되는데, 이것이 신앙의 바탕이라고 생각한다. 신학적으로 보면 이런 구조 자체가 신의 뜻이고, 죽음 뒤의 구원이 신앙의 본질일 것이다.

나는 신학자가 아니기 때문에 이런 근본적인 문제에 대해 논할 능력은 없다. 나는 다만 현실 세계를 살아가는 한 사람의 평범한 생활인으로서, 여러분에게 참고가 될까 하여 신앙이 나의 삶에서 가졌던 역할과 영향에 대해서만 잠시 이야기하겠다.

나는 개인적으로는, 어릴 적부터 어머니 손에 이끌려 성당에 다녔던 가톨릭 신자다. 그러나 나는 우리 인류가 오래전부터 믿어 온 검증된 종교라면, 모두 다 건전한 신앙의 대상이 될 수 있다고 생각한다. 실제로 나는 군에 있을 때, 지휘관으로서 의례적으로 법당이나 교회를 가는 수준을 넘어서, 부처님의 가르침을 정말 좋아하고, 목사님의 설교도 정말 좋아해서 법당이나 교회를 간 적이 많다. 그리고, 스님이나 목사님들이 쓴 책도 많이 보았다.

신앙은 나를 이렇게 살도록 이끌어 주었다.

첫째, 신앙은 무엇보다 사람은 모두 소중한 존재라는 생각을 가지게 하였다. 사람은 누구나가 하느님의 똑같은 사랑을 받는 존엄하고 소중한 존재이므로, 어떤 이유로도 사람을 경시하거나 차별하지 않고 같은 형제로 생각하게 하였다.

둘째, 신앙은 착하고 바르게 살아야 한다는 생각을 가지게 하였다. 착하고 바르게 사는 것은 사람의 도리이며 하느님의 뜻이다. 그리고 그렇게 살 때 세상을 잘 살 수 있고, 하늘의 복도 받게 된다고 믿었다.

셋째, 신앙은 대접 받고 싶은 대로 먼저 대접해야 한다는 삶의 이치를 깨우쳐 주었다. 나는 이 말씀을 믿었기에 먼저 베풀고, 먼저 양보하고, 먼저 사과하고, 먼저 용서하는 것이 가능했고, 그래서 모든 인간관계를 좋게 유지할 수 있었다고 생각한다.

넷째, 신앙은 나누는 삶을 살아야 한다는 생각을 가지게 하였다. 나누는 삶이 하느님의 사랑을 진실로 구현하는 것이며, 그래서 기꺼이 봉사하고 아낌없이 나누는 삶으로 나를 가게 하였다. 이런 믿음이 나의 삶을 더 큰 성공과 더 큰 행복으로 이끌어 주었다고 확신한다.

다섯째, 신앙은 어떤 역경과 난관 속에서도 희망과 용기를 잃지 않게 해주었다. 하느님께서 늘 우리를 지켜주시고 이끌어 주신다고 믿었기에, 아무리 힘들고 내 뜻대로 안 되는 일이 있어도, 결코 실망하거나 좌절하지 않고 기쁜 마음으로 새롭게 시작할 수 있었다.

신앙은 참으로 나약하고 부족한 게 많은 내가, 힘들고 험한 인생여정을 씩씩하고 꿋꿋하게, 그리고 기쁘게 걸어오도록 늘 지켜주고, 힘을 주고, 이끌어 주었다.

인생에서는 여러분도 장군이다

지금까지 참 많은 이야기를 한 것 같다.

아버지 마음으로 이야기를 하다 보니 해주고 싶은 말이 많았던 것 같다. 또 이것들은 내가 육군사관학교에 입교한 20세부터 61세에 공직을 마칠 때까지, 42년간의 삶 전체를 돌아보면서 쓴 이야기다 보니 여러분의 가슴에 와 닿지 않거나, 물리적으로 당장 다 할 수도 없고, 또 할 필요가 없는 것도 있을 것이다.

그럼에도 불구하고 내가 굳이 많은 이야기를 한 것은, '이런 지혜들을 20대에 일찍 알았더라면 젊은 시절의 시행착오를 더 줄일 수 있었고, 덜 힘들면서도 성과는 더 알차게 인생을 꾸려 왔을 텐데' 하는 생각이 있었기 때문이다.

그리고 인생은 꿈과 목표를 가지는 것도 중요하지만, 20대에 '인생밑천'을 잘 준비하고, 늦어도 서른 살까지는 자신의 '인생지표'를 확실히 세워야, 인생이 순조롭고 자신의 꿈도 잘 이루어 갈 수 있다는 지혜를 여러분에게 꼭 전해주고 싶은 마음 때문이었다.

지금까지 한 이야기를 한마디로 요약할 수 있다.

"어떤 일이 있어도 희망을 절대 잃지 말고,
전략적 마인드를 가지고 인생을 좀 멀리 크게 보며,
인격과 지식을 끊임없이 갈고 닦고,
열심히 일하며,
봉사하고 나누면서 즐겁게 살아라"이다.

그리고 아무리 많은 것을 알아도 진짜 나의 힘이 되는 것은 단 하나의 지혜라도 행동으로 실천하는 것임을 꼭 명심하고, 인생에서는 여러분도 장군이라는 점을 잊지 말기 바란다.

내 아들딸 같은 사랑하는 20-30 청춘들에게,
내가 가장 좋아하는 정호승 시인의 '봄길'을 선물로 전하면서 이 책을 마치고자 한다.

봄 길

정 호 승

길이 끝나는 곳에서도
길이 있다.
길이 끝나는 곳에서도
길이 되는 사람이 있다
스스로 봄 길이 되어
끝없이 걸어가는 사람이 있다
강물은 흐르다가 멈추고
새들은 날아가 돌아오지 않고
하늘과 땅 사이의 모든 꽃잎은 흩어져도
보라
사랑이 끝난 곳에서도
사랑으로 남아 있는 사람이 있다
스스로 사랑이 되어
한없이 봄 길을 걸어가는 사람이 있다

에필로그

2030청춘들이 기운 내어
더욱 멋진 미래를 그릴 수 있도록
행복과 긍정의 에너지가
팡팡팡 샘솟으시기를 기원드립니다!

권선복
(도서출판 행복에너지 대표이사, 한국정책학회 운영이사)

요즘 청년들은 사회적인 분위기 탓인지 많이 주눅 들어 보입니다. 살기조차 바쁜 현실에 쫓겨 다니느라 보이지 않는 미래를 준비하는 것은 힘에 겨워 보이기도 합니다.

그러나 그럼에도 불구하고 지금의 청년들은 미래 세대의 주역이 되어야 하기에 더욱 기민하게 행동하고 기운찬 삶을 살아야 한다고 생각합니다.

책 『청춘들을 사랑한 장군』은 단순하고 식상한 자기계발보다 본인의 내면을 들여다보고 인격을 갖춘 미래형 인재로 거듭날 것을 당부하고 있습니다. 군인으로 38년을 살아온 임관빈 저자는 그간 숱

하게 만났던 젊은 병사, 장교들과 대화로 소통하고 믿음과 용기를 불어넣는 지휘관이자 멘토 역할을 해왔습니다. 책 속에 담겨 있는 글귀 한 구절 한 구절마다 자세히 들여다보면 저자가 경험을 통해 얻은, 깊이 있고 진실 된 삶의 철학이 녹아들어 있습니다.

특히 성공과 행복을 위한 10가지 인생 조언을 통해 몇 가지 노력만 기울인다면 스스로가 만족하고 납득할 수 있는 성공적인 삶을 살 수 있음을 강조합니다. 인생 조언을 종합하면 저자는 '물질'보다 '가치'를, '부정'보다 '긍정'을 추구하며 사는 것을 마음에 새기며 살 때 가장 즐겁다고 말합니다. 이것은 고대로부터 내려오는 선현들의 말씀과도 일치하는 것으로 결국 성공과 행복의 길은 한곳으로 통한다는 것을 이야기하는 것과 다름이 없습니다.

우리는 삶을 살며 많은 일을 겪습니다. 희로애락이 뒤섞인 삶 속에서 당연히 행복한 순간이 있고 괴롭고 어려운 순간이 있습니다. 행복한 삶을 살 때는 그것을 유지하기 위해 노력하고, 힘든 일이 있을 때는 그것을 이겨내는 정신력과 다시 일어서기 위한 의지를 다져야 합니다. 『청춘들을 사랑한 장군』에서도 여러분은 각자의 인생에서 장군이라고 했습니다. 현재의 2030청춘들이 본인의 삶의 지휘관으로서 언제나 승리할 수 있는 '군인정신'을 발휘해 지금을 이겨내고 행복한 미래를 만들어나가길 바라며 이 책을 읽는 모든 분들의 삶에 행복과 긍정의 에너지가 팡팡팡 샘솟으시기를 기원드립니다.

'행복에너지'의 해피 대한민국 프로젝트!

도서출판 **행복에너지**

〈모교 책 보내기 운동〉
〈군부대 책 보내기 운동〉

한 권의 책은 한 사람의 인생을 바꾸는 힘을 가지고 있습니다. 한 사람의 인생이 바뀌면 한 나라의 국운이 바뀝니다. 그럼에도 불구하고 많은 학교의 도서관이 가난하며 나라를 지키는 군인들은 사회와 단절되어 자기계발을 하기 어렵습니다. 저희 행복에너지에서는 베스트셀러와 각종 기관에서 우수도서로 선정된 도서를 중심으로 〈모교 책 보내기 운동〉과 〈군부대 책 보내기 운동〉을 펼치고 있습니다. 책을 제공해 주시면 수요기관에서 감사장과 함께 기부금 영수증을 받을 수 있어 좋은 일에 따르는 적절한 세액 공제의 혜택도 뒤따르게 됩니다. 대한민국의 미래, 젊은이들에게 좋은 책을 보내주십시오. 독자 여러분의 자랑스러운 모교와 군부대에 보내진 한 권의 책은 더 크게 성장할 대한민국의 발판이 될 것입니다.

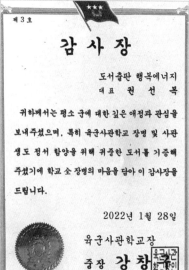